바다의 전화

바다의 정화

정하성 일곱 번째 수필

한국학술정보㈜

머리말

틈틈이 시간을 내어 써온 수필이다. 평범한 일상 속에서 여유로운 시간을 찾아서 일곱 번째의 수필집을 발행하게 되었다. 삶을 사색하고 사물을 접하면서 느끼는 행복함은 정말로 감사한 일이다. 정원에 감나무가 꽃을 피우고 열매를 맺고 빨갛게 익어가는 모습을 볼 수 있는 것은 커다란 행복이다. 감나무의 붉은 잎이 떨어져 앙상한 가지만 남아 쓸쓸해 보이지만 나에게는 소중하다.

맑은 하늘에 정처 없이 흘러가는 흰 구름의 여유롭고 아름다움을 만끽할 수 있음이 축복이다. 엄마 등에 업혀서 미소 짓는 어린아이의 평화로운 모습은 정말로 아름답다. 우리 주변은 소중하고 아름다운 것으로 가득한데 어찌하여 사람들이 이를 외면하는지 안타깝다. 평범한 일상을 통해서 진지하게 느끼고 부지런히 찾아서 시야를 넓히는 것은 그만큼 세상을 넓고 아름답게 살아가는 방법이다.

길을 걷다가 들국화를 바라보고 향기를 맡으면서 좋아하는 아가씨의 모습이 행복해 보인다. 떨어지는 낙엽 속에 소주잔을 비우며 지난 이야기와 현재의 삶을 나누는 여유로운 할아버지의 얼굴이 밝아 보인다.

가끔 전화를 걸어 안부를 물으며 건강을 염려하는 우정이 아름답다. 우리가 일상을 살아가면서 느끼고 맞이하는 수많은 일들을 아름답게만 볼 수 없지만 그래도 긍정적으로 생각하여야 한다. 여유와 실체의 본질을 볼 수 있어 소중함을 느끼게 된다.

나의 여유시간을 얼마나 충실하게 보냈는지를 생각해본다. 존경하는 스승님을 찾아뵙고 그리운 친구에게 얼마나 자주 소식을 전했던가. 사랑하는 가족들에게 진정한 사랑을 얼마나 실천하였는지를 진지하게 생각해본다. 부족함을 느끼며 좀 더 잘해주어야 하겠다는 생각을 해본다.

이런저런 생각을 하면서 지난 일들을 틈틈이 시간을 내서 써 모은 수필을 한 권의 책으로 만들게 됨은 삶의 자취이기도 하다. 나의 생각과 행동이 다른 사람들에게 아름답게 보이고 관심을 갖는 계기가 되었으면 하는 소망을 갖고 일곱 번째의 수필집을 발간하게 되었다. 독자 여러분의 마음에 드는 수필이 되었으면 하는 바람이다.

2012. 4. 1.
한밭벌 괴정골에서
정하성

차 례

1. 가을날의 흰 구름

무덥고 비바람 심했던 여름철의 풍수해를 이겨내고 충실히 자라난 벼들이 알알이 누렇게 익어간다. 논길을 걸으니 황금빛 벼들이 탐스럽게 익어서 일부는 추수를 하고 일부는 아직도 논에 남아 있다. 학교 주변에는 아직 농장이 있어 농부들이 부지런히 재배한 벼들을 볼 수 있어 다행스럽다. 농부들이 정성으로 벼를 키워서 수확의 소망을 충족시켜준 현장이기에 풍성함이 가득하다. 예로부터 가을 풍년은 농민들은 물론 나라의 지도자와 국민 모두에게 기쁨을 가져다주었는데, 지금은 오히려 농산물 가격하락의 요인이 되기도 해서 벼 재배 농민들은 풍년이 그렇게 반갑지만은 않은 것 같다. 풍요로움을 만끽할 수 있는 노동에 대한 보상이 제대로 이루어져야 할 것이다.

벼를 벤 자리가 휑해서 조금은 쓸쓸해 보인다. 논은 역시 푸른 벼 물결로 출렁일 때가 가장 활력이 넘쳐 보인다. 결실을 향한 희망이 넘쳐나기 때문이다. 싱싱하고 푸른 물결을 이루는 논의 벼는 정말로 활력과 풍만함으로 가득하다. 쓸쓸하게 텅 빈 논이 긴 겨울을 지내고 나면 농부들은 다시 벼를 심고 가꾸어 수확을 기다린다. 수많은 세월을 이렇게 살아온 우리 조상들의 삶을 생각해본다. 옛 농부들은 욕심

없이 연명하기 위해서 농사를 짓고 밥 세끼를 챙기며 살아왔다. 오직 호구지책으로 식량을 걱정하며 자연의 질서에 모든 기대를 걸면서 아주 단순하고 소박하게 살아왔다.

어린이들은 할아버지한테 호랑이 담배 피우던 시절의 이야기를 듣고 그 상황을 상상하며 즐겁게 살아왔다. 때로는 무섭고 두려워서 호롱불이 꺼질까 봐 걱정하였다. 어머니들은 끼니를 준비하느라고 정성을 다 바쳐서 일을 해왔다. 음식재료 마련하는 일부터 시작해서 땔감을 구하는 일까지 모두를 감당해왔다. 가난하고 부족하여 모든 것이 소중하고 고마웠던 시절이다. 부족한 생활용품을 내 식구같이 이웃간에 공유하면서 의좋게 살아왔다. 부족하지만 마음은 넉넉하고 여유가 있어 삶이 아름다웠다.

조그만 것도 같이 나누어 먹으면서 즐거워하고 자랑하거나 과시하지 않으면서 살아온 우리 민족의 덕성스러움이 정말로 대단하다. 이처럼 경제적으로는 몹시 궁핍했지만 한정된 재화를 필요한 사람을 중심으로 고루 나누는 마음만은 넉넉한 농경사회를 이루었다. 노동력과 마음을 함께 나누던 공동체정신은 이후 우리의 농촌이 가난을 벗어나는 디딤돌이 되었다.

사막지방에서 사는 사람들은 지금도 조그마한 벌레 한 마리를 잡아도 같이하는 여러 사람과 똑같이 나누어 먹는다. 계급, 연령을 초월해서 참여자 모두가 똑같이 나누어 먹게 해준다. 생사 앞에서는 어떠한 차별도 인정하지 않는 좋은 습관인 것 같다. 생사를 공유하고 실천하면서 함께 살아가기 위한 생활이다.

아무리 물자가 풍부하고 시설이 편리하여도 부족한 사람을 생각하면서 그들을 위해서 도와줄 수 있는 방법을 찾아서 실행하여야 한다.

지금 음식이 너무 풍부하고 남아서 지천으로 널려 있다. 일 년에 음식물 쓰레기 처리 비용이 30조 원에 달한다고 한다. 이를 아끼고 재활용한다면 굶주린 북한 동포에게 배불리 먹일 수 있다.

우리의 넉넉한 생활은 순환하는 대자연의 질서 속에서 인간이 성실하게 살아가고 있음이 다행스럽다. 논둑에 심었던 서리태며 들깨들도 수확의 손길을 기다린다. 금년은 고구마며 배추와 무가 풍성하게 자라났다. 논길을 걸으며 바라보는 눈길이 한창 풍요로운 것은 이들 작물의 결실 덕인가 보다. 지금이야 모두가 풍부하고 여유 있는 잘사는 세상이지만 불과 몇십 년 전만 해도 경제적으로 어렵고 힘들었던 시기였다. 먹을 쌀이 부족하고 반찬이 없어서 간장과 고추장만으로 식사를 하는 사람이 많았다.

일상생활에 감사함을 드리고 평범하게 살아가는 것이 보통사람들의 참된 행복인가 보다. 돌아오는 다음 달에 나는 회갑을 맞게 된다. 생각해보면 자신이 언제 이렇게 나이를 먹었는지 참으로 흐르는 시간은 빠른 것이다. 대부분의 사람들은 그 빠른 세월의 속도를 못 느끼며 살아가기 마련이다.

요즘은 남자의 평균연령이 75세 이상이어서 회갑연은 하지 않고 88세에 미수연을 가진다. 불과 몇십 년 사이에 인간의 수명이 크게 늘어난 것이다. 의료기술과 음식문화가 발달된 결과로도 볼 수 있다. 아직도 대학문화의 일부로 남아 있어 학교 후배 교수들이 회갑연을 베풀어준다. 처음에는 망설였으나 의미 있는 것 같아 그냥 하라고 응낙하였다. 후배 교수들이 회갑기념문집을 발행해주고 저녁식사 자리를 마련한다. 하객 규모를 50명 정도로 초청할 계획이란다.

동료 친구들이 써준 수필과 나 자신이 쓴 신문사설로 책을 만든다.

책 제목이 <60성상을 흰 구름 흘러가듯이>이다. 흰 구름은 높은 하늘에 떠 있어서 욕심이나 과욕을 바라지 않으며 넉넉하게 넓은 땅을 바라보며 유유히 흘러간다. 가을날의 흰 구름은 아름다운 그림을 수시로 그리면서 자유롭게 흘러간다. 푸른 하늘의 흰 구름이 기상천외한 그림을 그리며 자유롭게 흘러가는 모습은 항상 마음을 설레게 해주었다. 여유롭고 자유롭게 흘러가는 흰 구름은 언제 보아도 넉넉하기에 부러운가 보다.

흰 구름이 흘러가는 것처럼 욕심 없는 자연 상태의 여유를 갖고 살고 싶은데 앞으로 그렇게 될지 모르겠다. 최근 인간의 생명을 연구한 잡지를 보니 앞으로는 120살까지 산다고 하니 나는 현재 꼭 터닝 포인트에 도달한 마음이 들어 그냥 담담하기만 하다. 지나온 세월의 지혜와 슬기로움을 되살려서 더욱 행복하고 아름답게 살아가야 한다. 앞으로 내게 주어진 귀한 시간 동안 멋있고 충만하게 살아가기 위한 노력을 한층 더 기울여야겠다. 쓸데없이 시간을 낭비해서는 안 되며 시테크를 잘하여 시간을 효율적으로 운용하여야 한다. 쓸모 있고 바람직하게 살아가기 위해서 최선의 노력을 다하는 사람이 되어야 한다.

지금까지 게으름을 피우거나 쓸데없이 시간을 낭비한 일은 많지 않지만 더욱 성실하고 열심히 생활해가야 한다. 그러나 지나간 시간은 아쉬움과 미련으로 남기 마련인가 보다. 인간의 삶이 무작정 흘러가는 것이 아니라 일 초 일 초가 의미 있게 지나가는 것이다. 시간은 누구에게나 똑같이 흘러가고 있으나 다만 느낌과 하는 일이 다를 뿐이다. 매사에 감사함을 느끼며 남을 도와주는 일을 하여야 한다.

많은 사람들이 권력이나 명예와 부를 위해서 때로는 동분서주하지만 지나고 난 후에는 별다른 의미가 없는 것 같다. 시간의 흐름은 희로애락을 떠나서 똑같은 아쉬움이 남기 때문이다. 한정된 시간을 인간이 진정으로 남을 사랑하고 만물을 아끼며 보호하면서 즐겁게 살아가길 바라지만 지나고 난 후 생각해보면 너무나 아쉬움이 많이 남기 마련이다. 후회 없는 삶을 위해서 항상 성실하고 최선을 다하는 자세를 가져야 한다.

어렵고 힘들 때에 또는 멍하니 앉아서 시간을 보낼 때에 많은 사람들이 흔히 하늘을 쳐다보게 된다. 하늘은 넓고 아름답기 때문이다. 넓은 하늘은 바라볼수록 많은 풍요로움을 만끽하게 해준다. 상상의 나래를 한없이 펼칠 수 있으며 꿈을 그리기에 충만하다. 하늘에는 아주 평화로울 때에는 흰 구름이 자유자재로 그림을 그리면서 흘러간다. 물론 때로는 먹구름도 끼어서 소나기를 내리는 변화무쌍함이 있다. 흰 구름 흘러가는 평화로움은 가을날에 더욱 분위기를 내기 마련이다.

가을은 오곡이 익는 풍성함 때문에 평화로움을 느끼는가 보다. 나에게 남은 날들을 하늘의 구름이 흘러가듯이 살아가고 싶다. 때로 검은 먹구름이 되어 소나기로 내리기도 하겠지만, 어떤 일이 닥치더라도 거스르지 않고 받아들여야 한다는 것을 몇 년 사이 건강에 문제가 생겨서 힘든 시간을 보내고 나서야 수긍할 수 있었다. 당장 내일 일을 모르고 사는 게 인생이지만 지금 이만하니 그저 감사하고 고마울 뿐이다.

어린 시절의 소꿉장난하던 일부터 시작해서 대학 시절의 데이트하던 시간이 휙 지나간 것이다. 지난 시간을 생각해보니 정말로 빨리 흘러간 것이다. 물론 아름다운 추억을 남겨두고 흘러가지만 아쉬움이 가득하다. 더 머물고 싶었던 순간부터 얼굴 붉혀지는 일까지 크고 작은 일들이 너무나 많다. 이번 회갑이 지난 후에는 더욱 알차고 짜임새 있게 남을 위하여 열심히 살아야겠다는 다짐을 해본다. 물론 회갑도 삶의 한 점이며 그냥 흘러가지만 사람들이 나름대로 의미를 부여한다.

　삶은 연령과 관계없이 잠깐이어서 항상 의미와 가치 있고 아름답게 살아가야 한다. 빈부와 권력은 생각하지 말고 여유와 대자연의 변화에 감사하고 이것을 즐기며 살아가는 일이 중요하다. 삶의 끝이 있기에 이 순간이 소중한 것, 항상 희망을 잃지 말고 꿈을 가져보자. 실현하지 못하더라도 더 크고 아름다운 꿈을 꾸면서 살아가는 것이 행복할 수 있다. 작은 행복을 그리면서 열심히 시간을 운용해가는 지혜가 절실한 때다. 기쁘고 감사하며 살아가는 일상의 행복함이 다행스럽다. (2010.10.19.)

2. 풀벌레들의 구애

가을이 되면 귀뚜라미를 비롯한 크고 작은 풀벌레들이 쉬지 않고 울어대며 조용한 밤을 흔들어댄다. 신경이 예민한 사람들은 가을벌레 울음소리에 잠을 설친다고 한다. 귀뚜라미부터 이름 모를 벌레들이 시간 가는 줄 모르고 울어댄다. 나는 어린 시절부터 귀뚜라미를 비롯해서 가을 곤충들의 울음소리를 좋아하며 즐겨 들었다. 귀뚜라미는 온 국민이 다 아는 가을벌레로 사랑을 받고 있다.

담장의 돌 틈새나 후미진 어두운 곳에서 서식한다. 도시의 부엌에서도 가끔 귀뚜라미를 보기도 한다. 귀뚜라미는 밝은 빛이나 시끄러운 곳을 싫어하여 어둠 컴컴하고 조용한 곳에서 살고 있다. 부엌의 냉장고 옆이나 찬장 뒤에 숨어서 신나게 울어댄다. 나는 어린 시절에 가을벌레들의 울음소리가 너무 좋아서 이 소리를 들으면서 잠에 빠져들기도 했다. 혹은 벌레소리를 들으며 책을 읽었던 일도 생각난다.

사람들은 책을 읽다가도 눈이 감기며 졸음이 오면 쉽게 잠에 들기도 한다. 그러나 가을벌레들은 쉼을 모르고 부지런히 울어댄다. 무덥던 여름날의 모기와 땀방울이 사라지고 시원한 가을바람과 함께 찾아온 풀벌레 소리는 해가 바뀌어도 변함없이 들을 수 있어 감사할 뿐이다. 그 시절에는 지금처럼 록 음악이 있었던 때가 아니어서 유난히 가을벌레 울음소리에 정감이 갔던 것 같다.

시원한 가을바람 속에 사색하고 꿈을 키워가던 어린 시절의 귀뚜라미 소리는 정말로 아름다운 음악이었고 정겨운 친구처럼 생각하였다. 마음을 다독여주고 아름다운 생각을 하며 생명의 가치에 대하여 깊이 생각해 보게 하였다. 아마도 오늘의 도시에 살고 있는 많은 젊은이들은 가을벌레소리를 즐기면서 사색에 잠겨본 일이 거의 없을 것 같다. 자동차 소음과 쿵작거리는 음악을 들으며 소일한다. 가을벌레들도 10월이 되면 월동 준비를 하며 울음을 그치게 된다. 사람도 가을벌레와 같다는 생각을 해본다. 20대의 젊은 시절에는 남녀 젊은이들이 파트너를 찾아서 분주하게 시간을 보낸다. 만나면 약간의 부끄러움과 수줍음이 있었던 시절이다. 그러나 서로 만나서 문학이며 역사 이야기하기도 하고 시사문제를 토론하듯 깊은 이야기를 나누었다. 지금 젊은이들이야 음악이며 영화 이야기에 어제 마신 맥주 이야기를 많이 한다.

자연스러운 만남과 이야기를 나누는 모습은 언제 보아도 보기 좋다. 인연이 되어서 결혼을 하면 자식을 낳아 기르면서 생활해가기가 쉽지 않아 보인다. 세월이 흘러서 노인이 되면 지난 시간을 그리워하고 생각하면서 아쉬워할 뿐이지 결코 시간을 거슬러 올라가려 하지 않는다.

인간이 평생을 살면서 사랑을 노래하듯 여유와 아름다운 마음을 갖는다는 것은 매우 행복한 일이다. 노인들의 참사랑은 보통 사람들의 마음을 울리며 아름답게 보인다. 조그만 단칸방에서 홀로 사는 어느 할아버지가 텔레비전에 소개되었다. 두 평 남짓한 방 안의 벽에는 먼저 돌아가신 할머니 사진이 걸려 있다. 할아버지는 매일같이 이 사진을 바라보면서 할머니를 그리워하고 할머니 곁으로 갈 준비를 한다고 한다.

경제적으로 여유가 없고 인적관계가 부족해서 마치 세상에는 홀로 자신만이 있는 것처럼 살아가고 있는 독거노인들의 삶이 얼마나 어려운 일인가 우리 모두가 관심을 갖고 위로해주어야 한다. 대화를 나누면서 함께 살아가는 일은 인간의 기본요소이다. 부부가 한평생을 같이 살면서 때로는 싸움을 하기도 하고 오해하면서 살지만 지난 시간은 모두가 아쉬워지기 마련이다.

가을벌레 울음소리도 이와 같이 아쉬움과 그리움을 남기고 겨울 속으로 사라지고 내년의 가을날을 꿈꾸는 것 같다. 가을벌레들의 유난한 가을 구애는 정말로 순수해 보이기에 쉽게 잊혀지지 않는다. 나도 한때는 가을벌레 같은 구애의 시간이 있었다. 그래서 가을벌레의 울음소리에 더 많은 관심을 갖는 것 같다.

마음에 들어 사랑하게 된 사람을 위해서 갖가지 이야기를 나누며 산길을 거닐고 음식점과 제과점을 찾았던 일이 불현듯 스쳐간다. 호젓한 산길을 단둘이서 걸어가기에 서로 어깨에 손을 얹거나 팔짱을 낄 수 있는 분위기였는데 그냥 떨어져서 걸으며 이야기를 하던 기억이 새롭다. 그 시절에는 모든 것이 수줍고 어려웠기 때문이다. 순수함은 본질대로 그냥 남아야지 그것이 추억이 되고 그리워진다. 어쩌면 지금 생각하니 그것이 참으로 순수했던 것 같다는 생각이 든다.

요즈음 젊은이들은 대부분 도시에서 자라나서 농촌의 벌레소리와 곤충이며 짐승에 대한 관심과 추억이 없다. 물론 초등학생들을 대상으로 집게벌레, 굼벵이, 매미 등을 관찰할 수 있는 농장이 있다. 농장주인들이 정성껏 사육하여 어린 학생들의 호기심을 풀어주고 곤충의 살아가는 과정을 관찰하게 한다. 집게벌레는 길러서 일본에 수출을 한단다. 일본사람들은 집게벌레끼리 싸움을 붙여서 돈 내기 도박을 즐긴단다.

곤충에는 사람에게 해로운 곤충도 있지만 이로운 곤충이 매우 많아서 이를 잘 관리하여 유익하게 이용하고 있다. 사람이 여유를 갖고 곤충을 기르고 이들과 함께 시간을 보내는 것도 재미있을 것 같다. 취미로 곤충을 기르면 생명에 대한 존귀함과 관심을 가질 수 있어서 좋을 것이다.

곤충을 이용해서 노름을 하는 것보다는 이들의 가을철 구애의 울음소리를 들으며 사색에 잠기는 것이 한결 멋스러울 것 같다. 지금은 가을철의 구애가 끝나서 세상의 밤이 참으로 조용하다. 벌레들이 구애하는 울음소리를 생각하면서 고요한 10월의 저녁 시간을 가져본다. 혼자 앉아서 자연을 생각하고 풀벌레 우는 소리를 듣는 사색의 여유 시간이 너무 행복하다.

시간은 흘러가도 사람과 작은 벌레와의 인연이 가끔 생각나기에 그립고 소중하다는 생각이 든다. 남은 생을 살아가면서 가을의 풀벌레처럼 항상 노래하고 웃는 기분으로 살아간다면 많이 행복할 수 있을 것 같다. 올가을에 풀벌레와의 아름다운 인연을 여기서 접으면서 내년을 생각한다. 내년 가을이 오면 아름다운 풀벌레 소리를 들을 수 있다는 기대에 마음 설레는 생각을 해본다. (2010.10.21.)

3. 아내의 가을걷이

　돌아가신 어머님이 30년 전에 사주신 논산시의 밭 450평에다 금년에 처음으로 나무를 심고 채소를 가꾸면서 주말농장을 꾸려간다. 올 3월 초에 300평 정도의 밭에다 2년생 반송을 심었고 그 밑에는 플래카드 천을 깔아서 잡초가 자라나지 못하도록 관리하고 있다. 잡초는 결코 천을 뚫고 땅 밖으로 나오지 못해서 죽고 만다.

　덕분에 반송은 푸른 가지를 쭉쭉 뻗으며 커가고 있다. 나무를 심어서 잘 자라나는 모습을 보면 그렇게 기쁠 수가 없다. 생명에 대한 사랑과 소망이 이루어지기 때문이다. 다행스럽게 반송은 불과 몇 그루만 죽고 다 살아서 아주 튼실하게 자라나고 있다. 푸르게 자라나는 반송 덕분에 밭을 보면 마치 잘 가꿔진 농장처럼 보인다.

　80평 정도에는 대추나무, 블루베리, 자두나무, 엄나무, 호두나무 등을 두세 그루씩 심었다. 몇 그루는 말라죽었고 몇 그루는 잎을 펼치면서 아주 잘 자라난다. 묘목을 심을 때 나무를 잘 아는 사람들이 심어서 잘 살아난 것 같다. 접붙인 부분이 흙에 파묻히면 본래 키우려던 나무로 자라지 못하기 때문에 흙을 너무 덮어 주어서는 안 된다. 삽으로 땅을 3cm 정도 판 다음에 묘목을 정확하게 반듯하게 놓고 발로 밟아준다. 어떻게 보면 아주 단순해 보이지만 실제로는 땅 깊이와 삽으로 흙을 밀어붙이는 각도로 발로 밟는 정도에 기술이 배어 있는 것 같다. 땅에 아직 추위가 사라지지 않은 3월 초에 심었다. 서풍 불어오는 황량한 밭에 잡초가 사라지고 푸른 나무를 심으니 아무쪼록 무럭무럭 잘 자라길 기원한다.

70평쯤 되는 밭에는 들깨, 고구마, 감자, 땅콩, 호박, 배추, 무를 심어서 여러 번 농장을 찾아와서 김을 매주기에 아주 바삐 움직였다. 나도 대여섯 번 와서 일을 했지만 여간 힘든 것이 아니다. 온몸이 땀으로 범벅이 되고 허리가 아프고… 농사일하기가 정말 힘들었다. 그래서 요즘은 농장에 가지 않는다. 집사람 혼자서 승용차를 타고 가서 일을 하니 집에 있는 나는 조금 미안한 마음이 든다.

집사람은 난생처음으로 농사를 지어보지만 인터넷과 상식적으로 알아서 잘 재배하고 있다. 처음으로 배추를 두 줄 심었는데 두세 포기만 살아남고 배추가 다 죽어서 다시 한 번 더 심었다. 그 배추가 살아서 지금은 푸른 잎을 펼치면서 무럭무럭 잘 자라난다. 첫 농사는 힘은 들어도 작물을 가꾸며 땀 흘리는 행동이 생명을 가꾼다는 의미를 가져다주는 것 같다.

하루하루가 다르게 싱싱하게 자라나는 배추며 무가 새로운 활력을 준다. 사람이 미래를 향해 기대와 희망을 갖고 살아가듯이 배추도 완성된 알찬 포기를 향해서 자라나고 있다. 나도 집사람과 배추 잎을 갉아먹는 초록빛 해충을 잡아준 적이 있다. 내 눈에는 보이지 않는 배추애벌레를 집사람은 집게로 잘도 잡았다. 작물 재배 역시 마치 사람을 키우듯이 많은 정성을 들여야 하며 항상 관심을 갖고 보살펴야 한다.

이렇게 정성껏 농장에서 가꾼 배추 잎이 요즘 아침 밥상에 올라와 된장으로 쌈을 싸 먹는다. 정성을 생각하고 무농약에 청정 농산물이라는 생각을 갖고 풍성한 식탁에 앉을 때에 농장의 배추밭이 떠오른다. 오늘의 이 배추를 위해서 집사람이 벌레를 잡고 풀을 뽑고 정성과 사랑으로 열심히 가꾼 결과를 생각해본다.

날이 다르게 성장해가는 푸른 배추가 우리에게 이렇게 풍성한 식탁을 제공해주고 있음에 감사한 마음이 든다. 배추를 심은 곳 옆의 땅콩을 캐고 난 공지에 양파를 12월에 밭에다 옮겨 심을 요량으로 2층 옥상에 비닐포트에 양파 씨 한 알씩 심어서 물을 주고 가꾸니까 지금은 바늘 같은 잎이 올라오고 있다. 양파에 매일 물을 주고 바라보면서 잘 자라나기를 기원한다. 이 양파는 추운 겨울날을 지나면서도 자라기 시작하여 봄날이면 주먹만 한 크기로 자라난다. 양파는 남부지방에서 많이 생산되는 작물이다.

취미로 농사를 짓는다는 자체가 모순이지만 자신의 능력을 개발하여 정성껏 작물을 재배하려는 의지는 우선 대단하다는 생각이 든다. 아내의 농작물에 대한 사랑과 관심으로 하루가 다르게 성장해가는 배추며 무가 머지않아 우리 집 식구들의 겨울 김장거리가 될 것이다.

오늘 오후 늦게 비가 올 거라는 일기예보를 듣자 비 온 뒤 기온이 뚝 떨어질 것을 대비하여 집사람은 아침 일찍부터 서둘러 농장으로 향하더니. 서리 내리기 전에 수확해야 할 늙은 호박과 아직 덜 큰 호박을 따고, 고구마를 캐왔다. 그리고 김장 전에 우선 먹을 배추와 무, 대파도 뽑아 승용차 가득 싣고 왔다. 그리고는 집 안에 들여놓기 전에 집사람 단골미용실, 앞집 옆집에 그 집안 사정에 맞춰 이것 저것 양도 다르고 종류도 다르게 나누어 준다. 따로 한 상자를 담아놓고는 폐휴지 줍는 할머니 몫이란다. 이웃 간에 나눠 먹는 재미로 농사를 짓는 사람 같다.

아직도 우리의 가정주부들은 약간의 반찬거리 등을 전해주면 고마워하는 마음이 있는 것 같다. 어떻게 보면 60~70년대의 농촌 같은 풍경이다. 먹을 만할 먹거리라도 생길라치면 주고받는 정을 나누어가는 것 같다. 사회가 각박해지고 개인주의가 판치는 세상이지만 작은 농산물을 통해서 진정한 마음을 전해줄 수 있고 이웃 간의 정을 키워갈 수 있어 정말로 좋다는 생각이 든다.

나눔의 미덕은 세월이 흘러가도 변함이 없다. 자신이 정성과 땀으로 지은 농작물을 이웃에 나누어주는 일은 돈이나 물건의 나눔보다 더 큰 의의가 있다. 우리 집은 금년에 아내의 정성스러운 농산물 생산으로 이웃은 물론 아는 사람들과 함께 나누어 먹으며 고마운 마음을 키워갈 수 있어 좋다.

도시의 생활에서 느끼지 못하는 농촌의 정다운 생활을 주말농장을 통해서 만끽할 수 있음이 다행스럽다. 아내의 노고에 다시 한번 고마운 마음을 갖게 된다. (2010.10.23.)

4. 환경을 사랑하는 마음

　모든 생물은 온전한 환경이 유지될 때에 존재할 수 있다. 좋은 환경을 좇아 이동하거나 번식하는 속성이 있다. 환경의 부정적인 변화는 생존의 기본적인 문제를 가져다준다. 야생초들도 살기 좋은 곳으로 줄기를 뻗는 현상을 보인다. 사람이나 동식물도 좋은 환경을 찾아서 살기를 원하면서 많은 노력을 한다. 후진국 국민들이 취업이 용이한 선진국으로 이동하는 현상이 그러하다.

　경제적 여유와 시설이 있어야 여유시간을 잘 보낼 수 있다. 공원과 운동장을 조성하여 건강을 보살피게 하는 것도 여가시간을 좋은 환경 속에서 보내기 위함이다. 정년을 맞은 사람들이 말년을 한적한 시골에서 자연과 벗하면서 보내려는 이유도 이 때문이다. 대도시화되어 인구가 집중적으로 과잉상태이고 환경오염이 심해서 도시생활에 많은 어려움을 겪고 있다. 자동차의 매연과 보행자의 담배 연기는 정말로 불쾌하면서 견디기 어렵다. 아직도 보행 중 담배를 피워대는 상식 없는 사람들이 많이 살고 있어 도시생활에 어려움이 있다.

　환경보호를 위한 시민들의 절제 있는 생활이 필요하며 절대로 환경을 오염시킬 수 있는 쓰레기 같은 오염물질을 버려서는 안 된다.

사람들이 때로는 옛날 농촌에서 맑은 공기를 들이마시면서 여유 있게 살던 시절을 몹시 그리워하는 모습을 볼 수 있다. 철 따라 변하는 동식물을 보면서 세월의 흐름을 체감하면서 여유롭게 살아왔다. 당시에는 쓰레기는 상상할 수 없었으며 모든 것이 부족하였던 시절이다. 그래서 존재하는 주변의 모든 동식물에 대하여 관심을 갖고 소중하게 다뤄왔다.

제4물결 가치를 절실하게 실천하면서 성실하게 살아왔다. 특히 문인들은 변하는 자연현상을 바라보며 많은 시를 짓고 글을 썼다. 우물가에 버들잎이 흐드러지게 피어나고 밝은 달빛이 비추면 시를 쓰고 사랑을 나누면서 여유롭게 살아갔다. 우물가 버드나무와 관련된 수많은 사연들은 우리의 옛이야기가 되어 고전으로 남아 있다.

접시꽃을 바라보면서 사랑하는 아내를 생각했고 밝은 달빛을 보면서 애인을 그리워하면서 시를 썼다. 이른 봄 뒷동산에 진달래꽃이 피면 꽃잎을 따면서 노래를 부르고 시를 지어 읊었다. 지금은 급격한 도시화로 생활의 변화가 이루어져 자연을 감상하며 한가롭게 사색에 잠길 수 있는 여유가 적은 현실이다.

많은 곤충과 식물이 환경변화로 사라지고 있어 안타깝다. 금년에는 양봉 벌과 자연산 벌들이 전염병으로 죽어가고 있어 멸종위기를 맞고 있단다. 야생벌들이 멸종되면 자연 상태의 꽃과 식물들의 교배가 이루어지지 않아 농산물의 생산 감소는 물론 생태계의 보전을 걱정해야 하는 문제에 당면해 있다고 봐야 한다. 자연 상태에서 모든 생물이 자유롭게 자라날 수 있어야 한다. 일부 생물들이 멸종되어가는 증상은 우리에게 커다란 문제를 던져주고 있다.

그냥 단순하게 넘어갈 사항이 아니다. 우리나라를 비롯해서 모든 나라가 환경오염 문제를 당면하여 심각한 문제로 인식하고 있다. 지구상에 마지막 남은 지상낙원이라고 할 수 있는 히말라야 산속에 있는 농·축산업 국가인 부탄이란 나라가 이상기온으로 지금 고통을 받고 있다. 만년설이 녹아내리고 병충해가 발생하여 천국의 보금자리가 위협을 받고 있단다.

뿐만 아니라 세계의 허파인 아마존 강이 산림벌채와 탄광개발로 강물이 급격하게 줄어들고 오염되어 찾아온 모기 등의 병충해로 고통이 심하다. 원주민들과 수천만 년을 살아온 동물들의 살길이 막막하다고 한다. 머지않은 장래에 멸종될지도 모른다. 아마존 강의 나무를 벌채해서 수출을 하여 외화를 벌어들여 국가의 경제를 발전시키려는 의도를 알고 있지만 이를 인류의 환경을 위해서 하지 말라고 자제할 수 없는 현실이 너무 안타깝다.

아마존 강의 오염과 주변의 숲이 파괴되어 인류에게 미치는 피해는 우리의 상상을 초월한다. 아시아의 인도네시아 열대우림도 벌채를 해서 황폐화되어서 산사태를 유발시키고 있다. 유럽 국가들이 성금을 보내서 산림을 보호하려는 일에 관심을 쏟고 있다. 온 인류 모두가 열대우림의 보호와 관리를 위해서 정성을 쏟아야 한다.

온 인류가 보전해야 할 가치 있는 자연자원에 대하여 함께 지키고 보전하려는 세계적인 운동을 전개해야 한다. 68억 명의 세계인구 중 20억 명 이상이 식량부족과 질병의 고통 속에서 생활하고 있는 현실이다. 결국 환경이 파괴되고 오염이 되면 인류가 종말을 맞게 될 수밖에 없다.

무슨 일이 있어도 날로 변해가는 환경을 보호하기 위해서 최선의 노력을 다하여야 한다. 우리의 일상생활 속에서 조그만 일까지 신경을 쓰고 관심을 가져서 환경을 보호해야 한다. 사용하지 않을 때에는 전기코드를 빼놓고 물 한 방울도 쌀 한 톨도 함부로 버려서는 안 된다.

한정된 물자를 아끼고 절약함으로써 환경오염을 조금이라도 막을 수 있다. 개개인 모든 사람이 가정과 일터에서 환경을 생각하면서 살아가야 한다. 우리의 삶을 끝내고 후손들이 행복하게 살아갈 수 있도록 청결하고 아름답게 환경을 물려주어야 한다. 우리들의 후손을 사랑하는 중요한 일임을 알아야 한다. 인류 모두가 한결같이 환경을 보호하고 지키면서 생활해갈 때에 오염을 예방하고 깨끗한 환경을 지킬 수 있다. (2010.10.24.)

5. 가족사진 찍기

　요즈음은 휴대폰으로 사진을 자주 찍으며 시간이 지나면 지우는 습관이 있어 옛날처럼 기념사진을 찍어서 집 안에 걸어놓거나 귀중하게 잘 보관하는 일이 거의 없다. 마치 휴지를 버리듯이 전혀 부담 없이 쉽게 지워버린다. 기분에 따라서 사진을 찍고 지워버리는 행동이 보편적이다. 기억하고 싶지 않은 사진이나 사이가 조금 나빠진 친구 사진은 쉽게 지워버린다.

　지금과는 달리 예전에는 집안에서 특별한 날에나 사진을 찍었다. 사랑하는 사람의 사진은 평생 가슴속에 갖고 다니며 남몰래 혼자 보면서 좋아했다. 애인이 군대에 갈 때면 기념사진을 찍어서 늘 지니고 다니면서 생각날 때마다 꺼내서 보고 건강을 위해서 기원을 하기도 했다. 사랑하는 사람의 사진은 항상 연인의 가슴 속에 살아 있었다. 사진과 물자가 귀한 시절의 사랑 형태이다.

　기념사진은 가족끼리 상의하거나 가장의 주장으로 몇 년 만에 한 번 찍는다. 필자도 대학 시절 집안에 경사가 생겼다. 형이 행정고시에 합격을 하자 아버지께서 기뻐하시면서 기념으로 가족사진을 찍었다. 사진 아래에는 형의 행정고시 합격이라는 글씨가 쓰여 있다. 집안에 기쁜 일이 생기면 보통 가족 기념사진을 찍는다.

몇 년 전, 서울우유를 십여 년간 계속해서 먹은 고객에 대한 감사 행사로 가족사진 촬영권을 주었다. 나와 아내 그리고 아들 두 명이 모인 네 가족이 찍은 사진이 거실 벽에 걸려 있다. 큰 애가 군입대를 앞두고 있어 서둘러 찍은 사진이다. 그래서인지 큰 아들의 표정은 복잡하고 둘째는 사진 찍힐 준비가 아직 되지 않은 마음이 드러난다. 물론 나와 집사람은 환하게 웃으며 찍었지만 말이다. 자식이 크면 함께 자리하는 일이 그만큼 쉽지 않은 일이 되었다. 이번 사진만은 네 식구가 모두 활짝 웃으며 찍으려 한다. 사진의 기능은 지난 시간을 되돌려서 볼 수 있는 추억이기 때문이다. 내가 가족사진을 처음 찍은 것은 지금부터 약 40여 년 전에 부모님과 형제들이 기념사진을 함께 찍은 것이 처음이다.

다음 달에 학과에서 회갑출판기념회를 개최해준다고 해서 출판사에서 책을 만드는 중이다. 표지 다음 장에 내 사진과 뒷장에 가족사진을 넣기로 했다. 이미 발간된 선배들의 책이 그런 모양이라서 나도 따라 하기로 했다. 오늘 가족사진을 찍기로 예약을 해서 서울에 있는 큰애가 내려온다. 가족 넷 모두가 활짝 웃으며 사진을 찍을 계획이다. 예전에는 기념사진을 찍는 일이 큰 행사처럼 가끔 이루어졌으며 비용마련도 부담이 되었다. 그래서 결혼사진, 백일사진, 회갑사진 등을 주로 찍었다.

지금이야 휴대폰으로 수시로 관심 있는 상황을 자주 찍어대고 조금 시간이 지나서 마음에 들지 않으면 바로 지워버린다. 아무리 바쁜 세상이지만 가끔은 가족사진을 보면서 지난 시간을 생각해보는 일도 의미가 있다고 본다. 이번 가족사진은 의미가 크다. 막내아들 준호가 어제 진주에서 전국 항공학과 대학생들이 '하늘을 날으는 자동차'를 제조하여 실제로 얼마나 날 수 있는지 하늘에 날려보는 대회에 설계 책임자로 참석하여 1등을 하였단다. 사천군 지방지 인터넷판에 게재된 사진을 아침 일찍 보았다.

아들보다 부모의 기쁨이 더 큰 것이다. 소식을 듣는 순간 너무도 좋았다. 마치 내가 일등 한 것보다도 더 좋다는 생각을 해보았다. 앞으로도 우주항공분야에서 인류를 위하여 열심히 연구하여 새로운 기기 개발을 해나가길 바란다. 가족구성원 모두가 각기 독특한 일을 하여 국가와 민족을 위해서 기여할 수 있을 때에 기쁨을 같이할 수 있다.

사진은 희로애락을 담아서 추억으로 볼 수 있어서 좋은 것 같다. 이번 가족사진도 몇십 년 후에 보면 참으로 기쁘고 즐거운 마음이 들 것 같다. 82년 겨울, 손자들을 애지중지하시던 할머니께서 노환으로 돌아가셨을 때 온 가족은 슬픔에 빠졌었다. 가족들은 시간의 흐름 속에서 장례를 지냈는데, 가까이 지내던 고교 선배가 장지에서의 모든 과정을 찍어 둔 사진이 남아 있다. 사진 속에는 그 당시 할머니를 잃은 우리 가족의 슬픔이 생생하게 나타나 있다.

인생의 삶 속에 오래도록 기억하고 싶은 내용을 사진으로 찍어서 보관했다가 가끔 보는 시간은 재미가 있고 추억이 있어 좋을 것 같다. 여행을 가족끼리 가거나 놀러갔을 때에 흔히들 사진을 찍어서 추억으로 남겨두었다가 바라보며 즐거워한다. 만약에 사진이 없다면 그 당시의 상황을 상상으로 회상하기가 쉽지 않다.

학생들은 매년 10월 초에 개최하는 체육대회에서 우승해서 학과기념사진을 찍는다. 이 사진을 기념으로 음료수 잔을 만들 때에 넣어 만든다. 내 연구실에 이 같은 컵이 몇 개가 있다. 이 컵으로 차를 마실 때마다 그때 일들이 떠올려진다. 이와 같이 오래도록 기억에 남을 만한 일들을 담아 두는데 사진만한 게 없는 것 같다.

본의 아니게 가끔 과거의 사진을 접할 때가 있는데 그때마다 지난 일에 대한 아쉬움과 그리움으로 마음이 설렌다. 후일 손자가 생기면 또 가족사진을 찍으며 기뻐하리라는 생각을 해본다. 한번 흘러간 시간과 상황은 다시 오지 않기 때문에 사진으로 기억을 남기려는 것 같다. 사랑하는 가족공동체가 모처럼 한자리에 모여서 기념사진을 찍고 식사를 하는 시간도 후일에 생각하면 즐겁고 아름다워질 것이라는 생각을 해본다.

오늘 찍은 가족사진을 찾아오면 옛날에 찍은 사진과 교체해서 거실에 걸어놓을 생각이다. 그만큼 세월이 흘러왔는데 그것을 부인할 수 없는 일이다. 사진을 통한 기록은 추억이 되고 그리움이 되어 지난 시간을 소중하게 생각한다. 오늘의 가족사진은 후일의 추억과 그리움을 생각할 수 있을 것이다.

사람은 항상 과거는 아름답고 멋있게 기억한다. 다시 돌이킬 수 없기 때문이다. 과거와 현재 그리고 미래가 조화를 이루면서 살아가는 한평생을 좀 더 의미 있고 보람되게 살아가기 위해서 쉬지 않고 최선을 다하는 노력이 필요하다. (2010.10.25.)

6. 인정을 키우며 살아가기

인간만이 인정을 지니고 있어서 작은 것도 서로 나누면서 즐겁게 살아간다. 먹을 것 입을 것을 나누는 것도 중요하지만 마음과 정을 나누는 일이 더 중요하다. 물질이 아닌 정신과 마음은 눈빛으로 나타나는 차원이 다르다. 중보기도처럼 남을 위해서 홀로 기도하는 사람의 마음은 참으로 곱고 아름다운 것이다. 나 자신을 위해서 많은 사람들이 중보기도를 해주고 있다. 여간 감사한 일이 아니다.

나도 타인을 위해서 중보기도를 더해야겠다. 자신보다 항상 남을 배려하고 생각하는 마음을 가질 때에 중보기도가 절로 나온다. 의식주 중에서도 특히 먹는 부분을 함께할 때에 가까워진다. 집안의 별미를 만들어서 가까운 사람들을 초청해서 함께 나누어 먹는 풍습을 생활화 해가야 한다.

농경사회에서 이웃관계가 아주 돈독하게 살아온 것도 식생활을 자주 같이했기 때문이다. 애경사는 물론이고 반찬만 독특해도 이웃사람을 초대해서 식사를 같이했다. 식사 시간에는 사소한 이야기에서부터 날씨 이야기까지 아주 다양한 이야기를 하면서 식사를 한다. 동물들의 약육강식 사회와는 달리 서로 양보하며 나누어 먹는 미덕이 인간의 삶을 풍요롭게 만들어주었다.

옛날이야 먹는 것이 제일 중요한 일이었기에 집안끼리 이웃끼리 서로 음식을 나누면서 생활해왔다. 그러나 오늘날은 필요한 지식과 정보를 배우고 습득하면서 살아간다. 나날이 달라지는 새로운 지식을 습득하기 위해서 책을 보고 방송을 들으며 강의를 듣는다. 유명한 강사는 전국을 다니면서 새로운 지식을 강의하기에 분주하다. 고도지식 정보화 시대를 살아가기 위해서는 다양한 지식을 습득하고 그 속에서 깊은 정보를 찾아야 현명하고 슬기롭게 살아갈 수 있다.

집사람은 매주 금요일이면 바쁘다. 글 모르는 문맹자 할머니에게 무료로 한글을 열심히 정성껏 십여 년을 가르치고 있다. 집사람의 예의 바르고 어른을 존경하며 정답게 대하는 행동을 할머니들이 너무 좋아한단다. 집사람은 결혼하자마자 부모님을 모시고 살아서 노인들의 심리를 잘 알아서 관계를 원만하게 유지해갈 줄 안다.

할머니들은 사사롭고 아주 작은 것까지 집사람을 생각하여 대접을 해준다. 할머니들이 집에서 맛있게 김치를 담그면 한 대접을 가져다 준다. 따라서 집사람도 할머니들 눈높이에 맞춰서 행동을 한다. 며칠 전에 주말농장에서 따온 애호박 다섯 개를 신발장 옆에 보관했다가 오늘 아침에 수업하러 갈 때에 신문지로 싸서 가져간다. 수업이 끝난 후에 할머니들에게 드린다면서 활짝 웃는다.

사람의 일상생활은 아주 조그마한 것에 관심을 갖고 이를 실천해가는 데 의미가 있다. 우리할머니가 사시던 시절에는 물 한 모금, 밥 한술도 어려운 이웃과 함께 나누면서 살아오셨다. 그래서 항상 넉넉함을 미덕으로 삼으면서 행복해하셨다. 지금처럼 물자가 풍부한 시대에 살고 있는 나도 할머니의 행동이 몸에 배어 무엇이 됐든 나누어 먹고 쓰려는 경향이 많다.

매일 출근할 때면 집사람이 내가 좋아하는 포도며 사과와 배, 복숭아를 한 봉지씩 싸준다. 연구실에서 지나가는 동료들을 불러서 같이 나누어 먹기를 좋아한다. 가끔은 학생들에게도 나누어준다. 대학에서 20년 이상 근무하면서 나는 항상 동료교수와 외출하여 식사를 같이 하며 대부분 식사 값은 내가 낸다. 지금이야 습관처럼 되어 아무런 부담이 없어 좋다.

함께 나누어 먹는 일은 항상 정이 넘치고 아름다워 보인다. 옛날에 경제적으로 어려웠던 시절을 함께했던 우리 조상들의 인정미 넘침이 가치가 있는 것도 이 때문이다. 빈부를 초월해서 인간이 함께 생활해가는 미덕이야말로 최고의 가치가 된다. 지금은 먹을 것이 아니라 관심과 사랑을 갖고 이를 실현하는 일이 중요하다. 외로운 사람에게 휴대폰으로 문자를 보내서 기쁜 소식을 전하면서 사랑을 표시하여야 한다.

상황을 이야기하며 상대방에 대하여 관심을 갖고 관찰하며 염려하는 마음이 필요하다. 나는 저녁때가 되면 막내아들한테 전화를 걸어서 식사를 했느냐고 묻는다. 귀찮은 기색 없이 바로 전화를 받아서 대답하는 아들이 고마울 뿐이다. 큰아들은 무슨 일이 그리도 바쁜지 전화통화하기가 너무 어렵다. 사람들은 누구나 수시로 소식을 전하고 상황을 이야기하면서 살아가는 데 재미를 느껴야 한다.

친척이며 친구들에게 가끔 안부전화를 걸어서 서로 소식을 전하는 자세로 살아가야 한다. 사랑하는 사람끼리 서로 전화를 하여 상황을 인식하고 정보를 공유하면서 생활해가야 한다. 이것이 인정의 기본이 된다. 아무리 친한 친구도 수십 년간 소식이 끊기면 친분이 멀어지기 마련이다.

항상 서로 사소한 이야기도 나누면서 살아가야 우정이 두터워진다. 심지어는 애완동물마저도 관심을 갖고 지속적으로 돌보아야 따르기 마련이다. 우리 식구는 얼마 전부터 강아지 돌돌이를 관심과 사랑을 갖고 돌본다. 2개월 된 진돗개 새끼를 친구한테 얻어서 두 달째 기르고 있다. 아무거나 가리지 않고 잘 먹는데 어찌된 영문인지 낯선 사람을 보고 짖지를 않는다. 사람을 좋아해서 아무나 보면 꼬리를 흔들고 다리에 매달려서 귀여움을 떤다. 수시로 먹을 것을 주고 운동장을 몇 바퀴 돌면서 운동을 꾸준히 시키고 있다.

시간이 없을 때에는 할 수 없지만 보통 한 시간 정도를 돌돌이와 같이 달리거나 걸으면서 운동을 한다. 돌돌이와는 그래서 정이 많이 들었다. 요즈음은 가끔 꿈에서도 돌돌이와 함께 뛰는 일이 있다. 앞으로 돌돌이가 건강하게 잘 자라서 도둑과 집을 지키며 제구실을 다하길 바란다. 강아지도 함께 생활하면 정이 들고 사랑스럽기에 다른 애완동물보다 아끼게 된다. 나는 넓지 않은 우리 집터를 참으로 좋아한다.

정원에는 나무와 꽃과 풀이 자라나고 감나무 두 그루에는 수십 마리의 참새와 박새가 몰려와서 지저귀면서 놀며 살아간다. 매일 보는 광경이지만 항상 기분을 좋게 해준다. 새들과 정이 많이 들어 이들이 항상 건강하게 노래 부르기를 바란다. 나 자신의 인정은 우리 집안의 환경에서 싹터서 자라나는 것 같다. 풍부하고 넉넉한 인정은 세월이 흘러가도 변함없이 마음속에 따뜻하게 남아 있어 좋을 뿐이다. (2010.10.31.)

7. 사랑하는 사람

　사람이 제일 먼저 자신을 사랑하고 다음으로 자신의 관심에 따라서 사랑의 순서가 달라진다. 부부간의 사랑이 으뜸이고 다음이 부모와 자식지간이다. 사회생활 하면서 알게 된 친구와 직장동료 등이 다음 순서가 된다. 친구지간에도 우정의 정도에 따라서 달라지기 마련이다. 정이 들어 친한 친구는 세상에서 무엇보다도 중요하다.

　젊은 시절 사랑을 할 때에는 사랑하는 이성이 일 순위가 된다. 연애할 때에 만나는 여인을 며칠 동안 못 보면 보고 싶어서 가슴이 그리움으로 가득하다. 나에게는 요즈음 진정으로 사랑하는 사람이 생겼다. 며칠 안 만나면 그립고 보고 싶으며 항상 건강하며 잘되기를 바라는 친구가 있다.

　직장에 갈 때에도 기차를 같이 타고 간다. 기차 안에서 창밖의 누런 들판을 바라보면서 풍년이 되기까지를 깊이 생각하며 정답게 이야기를 한다. 봄부터 농민들이 땀 흘려서 김을 매고 비료를 주면서 정성으로 벼를 가꾼 이야기를 나누며 미소를 짓는다. 농민의 소망과는 달리 수매가격이 싸고 시장에 판매가격이 쌀 때에 농민들의 대단한 불평을 같이한다. 좋지 않은 내 마음을 정성껏 위로하면서 농민들을 걱정한다.

농민뿐 아니라 땀 흘려 일한 모든 사람이 정당한 대가를 받아서 경제적으로 여유 있게 살아가길 바란다. 사소한 소망을 같이 걱정하며 이야기를 나눌 수 있어 마음 흐뭇하다. 들녘의 벼 풍년과 달리 불평하는 농민들의 입장도 생각하면서 이야기를 나눈다. 일 년 내내 폭염 속에서 땀 흘려 일한 농민들의 고충을 보상해줄 수 있는 방법을 이야기하기도 한다. 어느덧 한 시간이 지나가면 평택역에 도착한다.

출퇴근길에 차창가의 벼를 보고 농민을 걱정하며 나누는 다정한 이야기는 하루를 기분 좋게 해준다. 때로는 마음속으로 국민과 인류를 걱정하기도 하며 세계평화와 자유에 대해서도 정담을 나눈다. 학교연구실에서도 같이 이야기를 나눌 수 있어 좋다. 때로는 인생의 삶과 죽음에 대하여 철학자처럼 많은 이야기를 나눈다.

책을 읽다가 혹은 글을 쓰다가 싫증이 나고 지루해도 불평스러운 이야기를 나와 같이 나눈다. 물론 말 한마디 없어 나 혼자 이야기를 한다. 그러나 불평 한마디 없이 모두를 수용하며 위로해주며 용기를 준다. 집에서 나와서 길을 걷거나 등산을 갈 때에도 물론 같이 간다. 역시 말 한마디 하지 않는다. 나는 이런저런 이야기를 나누면서 외롭지 않게 시간을 보낸다. 등산을 할 때에는 길섶의 나뭇잎이 단풍 든 이야기부터 다람쥐 뛰어오르는 사소한 일까지 정답게 주고받는다.

항상 나와 함께하는 반려자가 있어서 때로는 위안이 되고 마음이 평화롭다. 조그마한 일도 늘 함께 생각하며 판단하면서 생활한다. 친구의 안타까운 일을 생각할 때에 얼른 달려가서 위로해주고 도와주려는 마음도 같이하기에 외롭지 않다. 때로는 너무 안타까운 일이 생기고 크게 손해를 보는 일을 맞기도 한다. 친지와 친구에 대한 오해와 야속함이 마음을 아프게 할 때가 있다. 그러나 용기를 주며 다시 되풀이하지 않도록 조용히 충고를 해준다.

마음이 다시 차분하고 여유가 생겨서 넉넉해진다. 이런 과정을 통해서 인격적으로 성숙해지며 행복하게 생활해갈 수 있다. 항상 같이 하는 정말로 고마운 존재로 내가 살아가는 의미를 키워주며 부족한 나를 항상 위로해준다. 때로는 아주 하찮은 일로 인해서 고민할 때에 용기와 위로를 주며 쉽게 잊어버리도록 안내한다.

작은 일로 실망하거나 오해를 할 때에도 넓은 아량으로 이해하며 다시 꿈을 가꾸면서 살아가도록 나를 진정시키고 위로해준다. 사사로운 일로 인해서 기분이 안 좋을 때는 푸른 하늘을 바라보라면서 오해를 풀라고 말한다. 푸른 하늘을 바라보면 어느덧 좋지 않은 기분은 순식간에 사라지고 기분이 새로워진다.

사람의 심정을 이렇게 빠르게 그리고 즐겁게 변화시켜주는 친구가 있음에 감사할 뿐이다. 그 정다운 친구는 바로 내 마음 깊이 자리 잡고 있는 자신의 마음이다. 나의 마음은 나의 진실한 벗으로 삶을 행복하게 해준다. 오늘도 그와 함께 지루하지 않은 많은 이야기를 나누었다.

사람은 항상 마음이 편해야 행복할 수 있다. 진정한 친구가 되어버린 내 마음을 나는 가장 좋아하고 사랑한다. 마음을 비우는 일도 욕심으로 채우는 일도 다 내 마음이 좌우한다. 변치 않는 마음을 갖고 남은 여정을 아름답고 행복하게 걸어갈 것이다. (2010.11.3.)

8. 수통골 빈계산을 걸으며

11월 4일, 오후 3시인데도 날씨가 제법 차다. 두툼한 옷을 입고 나설 걸 그랬다. 이상기후의 여파로 지구가 점점 더 심한 몸살을 앓고 있는 것 같다. 올 여름만 해도 장마 후에 쏟아진 폭우로 인한 산사태로 막심한 수해를 입었는데, 갑작스런 이상 기온 현상이 너무 자주 발생하고 있어 우리네 삶을 더욱 어렵게 하고 있다.

오늘은 오랜만에 점퍼 차림으로 지인과 수통골을 찾아서 빈계산길을 걸었다. 가끔 찾아오는 빈계산은 언제나 나를 반겨주어서 고마울 뿐이다. 하루에도 수백 명의 등산객이 빈계산길을 오르내린다. 비교적 등산하기가 쉽고 시간도 세 시간이면 족하다. 일상적으로 살아가는 이야기를 하다 보면 어느새 한두 시간은 쉽게 지나간다.

길섶의 단풍나무가 유난히도 붉기에 걸음을 멈추고 붉게 물든 단풍잎을 아무 생각 없이 한참 동안 바라보았다. 단풍잎처럼 사람도 죽음을 앞두고 두려워할 것이 아니라 곱고 넉넉한 인품을 뽐내야 한다. 붉은 단풍나무도 얼마 전만 해도 푸른 잎으로 지나는 행인들에게 그늘을 만들어주었던 나무들이다.

수통골 계곡물은 약간의 물소리를 내면서 흐르고 있다. 송사리와 붕어의 소중한 안식처 역할을 다하기에 다행이란 생각이 든다. 항상 이 계곡물이 풍부하게 넘쳐흐르면 보는 사람들의 마음이 더욱 넉넉해질 터인데 하는 아쉬운 생각이 든다. 하찮은 개울물에 눈길을 주는 사람을 별로 볼 수가 없다. 내를 건너 약간의 공간에 시인들의 시가 걸려 있고 시를 읊을 수 있는 공간을 마련했다. 시인동우회에서 지나는 산길 행인을 대상으로 시를 읊으며 여유를 즐겼던 것 같다.

'서라벌 시인회'라는 표지판이 경주 시인들이거나 재(在) 대전 서라벌 시인들이 시를 써서 행인을 위해 장식을 해놓아 지나가는 사람들이 읽을 수 있게 해놓았다. 가을과 떠나는 사람을 주제로 쓴 시를 읽어보니 마음이 한층 여유롭다. 역시 시는 시인의 마음을 이해하려는 노력으로 인해서 마음이 넓어지는 것 같다. 한층 기분을 좋게 해주는 아름다운 시를 읽으니 마음이 편해진다.

냇가의 작은 보를 막아놓은 물에 아직도 송사리들이 살고 있어 생명에 대한 애착을 느낄 수 있다. 한참을 걷다가 이른 저녁을 하기로 하여 밭 가운데 있는 오리고기집을 찾았다. 동행자와는 잘 아는 사이였다. 식당주인이 직접 오리를 잡아서 수육을 만들어 판매를 한다. 막걸리 두 병을 시켜 오리 안주와 같이 먹었다. 술은 항상 주위사람과 같이 마시는 우리의 풍습 때문에 식당주인 아주머니와 같이 마셨다.

몇 잔을 마신 후 이런저런 이야기를 하는데 식당 주인 아주머니가 고향이 공주시 탄천면이라며 60의 젊은 나이에 위암으로 돌아가신 아버지 이야기를 하면서 눈물을 짓는다. 부녀지간의 애틋한 사랑이 사후에도 잊혀지지 않아 그리워하는 마음이 퍽이나 아름다워 보인다.

평생 동안 여행 한 번 가보지 못하고 공주에서 농사만 지으며 고생만 하며 살았다는 사연이다. 지금은 홀어머니를 언니가 모신다고 이야기를 한다. 막내딸인 식당 주인의 안쓰럽고 슬픈 이야기를 들으면서 저녁식사를 마치고 식당을 나왔다. 앞의 빈계산이 어느덧 어둠의 품으로 안기기 시작하여 자동차 라이트를 켜면서 운전을 하였다. 빈계산 입구가 예전 같지 않아서 많은 아파트와 건물들이 들어서고 커다란 도로가 생겨서 시골 맛을 찾기가 어려운 실정이다.

날로 변해가는 도시주변의 풍경을 바라보면서 전통적인 옛날 농촌 마을의 아름답고 넉넉한 풍경을 그려본다. 대전 사람들은 수통골을 지나서 빈계산 등산을 하며 건강을 챙긴다. 수많은 사람들이 등산을 하며 이야기를 나누고 추억을 만든다. 혹자는 등산을 하지 않고 계곡 물에 발을 담그며 과일과 김밥을 먹으며 여름철 더위를 피한다.

어느 여름날에는 30대 젊은 부부가 계곡물에 발을 담그고 점심을 먹으며 오순도순 이야기를 나누는 모습을 보았다. 김밥을 서로 먹여주며 사과를 깎아서 상대방 입에 웃으며 넣어준다. 퍽이나 정겹고 아름다워 보였다. 반시간 정도의 산길을 부담 없이 오르면 산 위의 언덕이 나온다.

빈계산 아래에서 올라와 고개에 이르면 사람들이 앉아서 쉴 만한 긴 의자가 있다. 내가 쉬고 있는데 어느 아주머니가 깎은 사과를 먹으며 초면인 나에게 먹으라고 한 쪽을 주었다. 산에 오르면 마음이 넉넉해지고 인심이 살아나서 함께하려는 마음이 발로하는 것 같다. 아주 작은 추억까지도 빈계산은 만들어주고 기분을 상쾌하게 해준다.

어찌 보면 빈계산은 대전 시민들에게는 아주 고맙고 감사한 산이다. 나도 덕분에 가끔 자주 찾아와서 등산을 하거나 휴식을 취하고 식사를 즐긴다. 지금이야 술을 마시지 않지만 과거에 술을 마실 때에는 막걸리와 소주를 순두부 안주로 한 잔씩 하면서 기분을 전환하기도 하였다. 땀 흘린 등산 후 마시는 술은 정말로 기분을 좋게 해준다.

외지에서 빈계산이나 계룡산줄기로 등산 온 사람들이 이곳에 앉아서 막걸리 잔을 비우면서 이야기 나누는 모습이 한민족의 정겨움을 증명해주는 것 같다. 술을 안 마시는 사람들도 정겨운 모습을 기분 좋게 한참동안 바라보다 미소 지으면서 자리를 일어선다. 기분 좋게 마시며 환한 얼굴로 나누는 이야기가 정겨워 보여 호감이 가기 때문이다.

계룡산 줄기인 빈계산은 항상 나를 기다리는 것 같고 한 시간에 걸쳐서 올라가면 몸이 가뿐하고 기분이 상쾌해진다. 아마도 자연의 넉넉함이 사소하고 조그마한 일과 기분을 모두 새롭게 씻어주기 때문인가 보다. 정들어 고마운 빈계산에서의 시간은 항상 나를 기쁘고 즐겁게 해준다. 앞으로도 변함없이 빈계산을 찾아서 건강을 보호하고 아름다운 생각을 많이 할 것이다. (2010.11.4.)

9. 출판기념회

　나는 청소년과 지역사회를 연구하는 학자로서 품위를 유지하기 위하
여 열심히 많은 노력을 기울이고 있는 현실이 참으로 다행스럽다. 부지
런하며 약간 성질이 급해서 즉시 판단하며 행동하는 생활을 해왔다.

　대중 앞에서 청소년 지도, 지역사회개발 등을 주제로 수천 번의 강
의를 하였다. 쩌렁쩌렁 울리는 목소리에 청중들과 동감하던 강의를
하고 나면 등산 때에 정상을 등정한 것 같은 기분을 느껴서 좋다. 강
의가 인연이 되어 지금까지 교류하는 사람들도 있다.

　여유가 있을 때마다 해찰하지 않고 틈틈이 글을 써서 50여 권의 저
서를 발행하였다. 다른 사람들은 나한테 대단하다며 열성과 적극성에
대하여 많은 칭찬을 하나 나 자신은 그렇게 생각하지 않는다. 글 쓰
는 일이 재미가 있고 다양한 소재가 항상 내 주변에 있기 때문이다.
초등학교 시절부터 열심히 일기를 쓴 일이 지금 글쓰기의 근원이 되
었던 것 같다. 사사롭고 작은 일에 관심을 갖고 생각할 수 있음에 항
상 감사한 시간을 보낸다.

　다행스럽게도 자신은 몇 푼 안 되는 원고료와 인지세를 받는다는
것이 기쁨이다. 처음으로 출판기념회를 개최한 것은 25년 전 일이다.

대전에 있는 중앙관광호텔에서 개최하였다. 당시 나는 박사과정에 재학 중인 대학원생으로 경제적인 여유가 많지 않을 때였다. 축하객이 150명 정도 모였다. 저녁 식사비 백여만 원을 내가 지불해야 했다. 당시로는 큰 부담이었고 집사람으로부터 많은 걱정을 들었다. 그 후 내가 참여하는 단체에서 두 번 출판기념회를 개최해주었다. 물론 내 돈은 한 푼도 들지 않았다.

커다란 플래카드 아래 지인들이 모여서 축하해주고 다양한 이야기를 나누었다. 지금까지 출판기념회를 총 세 번 개최하였다. 이번에도 본의 아니게 학과 후배 교수들이 마음을 모아 회갑문집을 발간해주고 출판기념회를 개최해준다. 60명 정도의 축하객이 참석할 계획이다. 초청자를 최소화시켰는데도 그렇다. 이전의 저서는 모두 출판사에서 인세를 받고 발행했는데 이번 기념문집은 학과 후배 교수가 사비로 발행해주기에 조금 부담이 간다.

어느 지역 언론인은 잦은 출판기념회를 통하여 돈을 마련한다고 원성을 듣고 있는 사람도 있다. 언론권력 때문에 본의 아니게 많은 사람들이 봉투를 갖고 많이 모이게 된다. 출판기념회는 순수한 의미에서 부담 없이 만나서 이야기를 나누며 식사를 하는 시간은 많은 의미가 있어 좋다. 서로 좋아하고 신뢰하는 사람들이 정담을 나누는 일은 아름답기 때문이다. 예전에 출판기념회는 고향인 대전에서 개최하였으나 이번은 같은 대학에 재직 중인 동료교수들을 주축으로 이루어져서 평택에서 개최한다. 물론 대전의 가까운 친구와 집안의 몇 사람들은 참석하게 된다. 가까운 사람들이 축하와 덕담을 나누면서 식사를 같이하고 즐거운 시간을 보내는 것은 행복한 일이다.

후일 생각하면 아름다운 추억이 될 수 있다. 책 제목이 <60성상을

흰 구름 흘러가듯이>다. 지난 60년을 푸른 하늘의 흰 구름이 흘러가듯이 부담 없이 여유 있고 넉넉하게 살아왔다는 의미다. 나는 욕심 없이 순수하게 대자연을 좋아하며 그 속에서의 많은 사색을 하며 즐긴다.

돈을 많이 벌지 못했지만 수단방법 가리지 않고 돈을 벌려는 생각을 단 한 번도 해본 일이 없다. 자주 만나는 많은 친구들과 시간을 보냈으며 보통 사람들보다 다양한 활동을 하여 바쁘게 살아왔다. 지역 사회조직과 청소년조직 활동을 열심히 많이 하고 있다. 많은 단체를 조직하고 이끌면서 적극적인 사회생활을 영위하므로 시간이 바쁘고 용돈을 많이 쓰게 된다. 책 내용을 보면 동료 교수 32분께서 126페이지 분량의 글을 올려주셨다.

혹자는 지나치게 나에 대한 호평을 썼고 순수한 청소년문제에 대한 논설 비슷하게 쓴 사람도 있다. 나머지 반은 필자가 최근에 신문에 쓰는 사설로 구성되었다. 필자는 그간 중도일보, 충청매일, 경기신문, 충청투데이, 금강일보 등의 일간신문에 예리한 사설을 써왔다.

약간의 고료를 받으면서 글을 쓰는 일은 돈보다 내 취미와 관심분야의 표현을 즐기기 때문이다. 몇 개 일간신문에 기명 칼럼도 써오고 있다. 신문에 칼럼을 쓰다 보면 간혹은 몇 사람한테 항의를 받고 기분이 언짢은 때가 종종 있었다.

언론기관이 공익을 위해서 객관적인 가치에 중심을 두어 글을 쓰다 보니 특별한 개인들이 피해를 보는 경우가 있는 것 같다. 일반적으로 정책적 문제와 사회적 당면과제에 대하여 쓴 사설을 이번 책에 실었다. 물론 청소년문제에 대하여도 썼다. 나는 사설을 쓰면서 사회의 당면문제와 개인적인 관심분야를 심층 있게 분석해서 정성껏 쓴다.

이번 출판기념회가 네 번째이니 나름대로 많이 개최하는 편이다.

요즈음은 일부 사람들이 글을 써서 지인들에게 무료로 나누어주면서 자신이 열심히 성실하게 살아온 듯 홍보라도 하는 것 같은 내용을 쓰고 있다. 나는 소망이 다르다. 주위의 가까운 사람들이 내 사설을 같이 보면서 세상을 생각하고 나 자신을 생각해주길 바란다.

지인들이 쓴 글도 직간접적으로 나를 언급한 것이 많다. 물론 앞으로도 계속해서 글을 쓰고 책을 출판할 것이다. 좀 더 발전하고 나은 글을 쓰기를 바랄 뿐이다. 글을 쓰면서 인격이 향상되고 세상을 바라보는 시야가 정확해질 수 있다는 마음으로 노력을 한다. 무한한 소망을 갖고 미래의 세계를 꿈꾸면서 글을 쓰는 일은 기쁜 일이다. (2010.11.13.)

10. 가을 나들이

　시간의 흐름이 참으로 빠르다는 인식을 나이가 들어갈수록 절감하는 것 같다. 작년보다 금년가을이 빨리 온 기분이다. 길섶의 코스모스 꽃과 뒹구는 낙엽이 없어도 쌀쌀한 날씨가 가을임을 알려준다.

　특별하게 다르게 하는 일 없이 평소와 같은 일상생활인데도 시간의 흐름이 너무 빠른 것 같은 기분은 아마도 세월 탓인 것 같다. 주변에 있는 나무들의 가을맞이가 빨라지는 것은 기후변화 때문이다. 사람의 기분이 세월의 빠름을 의식하는 것은 여유로운 마음의 부족함에서 오는 것 같다.

　올해는 같은 시간인데도 더 빨리 가을이 오고 날씨가 추워지는 것 같은 기분이 든다. 아침저녁으로 쌀쌀한 기후는 겨울옷을 입게 만든다. 아직은 겨울이 아니라 산야의 붉은 단풍잎이 한없이 아름다워 보인다. 산언덕의 푸른 소나무 사이에 자리 잡고 있는 참나무, 밤나무, 단풍나무 등의 잎이 곱게 물들어간다. 버스가 달리는 도로가는 샛노란 은행잎이 잿빛 포도 위를 뒹굴고 싸늘한 바람이 옷깃을 여미게 만든다.

　엊그제가 봄날 같은데 벌써 가을날이 저물어 가고 있다. 나는 따사로운 봄날의 고마운 날씨를 생각하며 가끔은 여행을 즐긴다. 새싹을 바라보면 모두에게 감사하는 마음의 여유가 풍부해서 좋다. 봄날은 봄대로, 여름날은 여름대로, 가을은 가을대로, 겨울날은 겨울대로 여행을 즐길 수 있어 좋다. 어느덧 봄과 여름날이 쏜살같이 가고 찬바람이 불기 시작하더니 가을 노래를 부른다.

나는 오늘 고속버스에 앉아서 창가에 어리는 산야의 가을맞이 모습을 볼 수 있는 시간이 고맙게 느껴진다. 약속이 있어 고속버스로 서울로 가는 시간이다. 창가에 어리는 산야의 도토리나무, 밤나무, 참나무를 비롯해서 모든 수목이 단풍이 들어가고 냇가의 갈대들이 흰 수술을 바람에 나부끼며 가을 노래를 부른다. 길섶의 개나리와 진달래 잎도 곱게 물들어간다. 그러나 잣나무, 소나무는 더욱 싱싱한 자태를 뽐내며 추워지는 가을 날씨를 즐기는 듯하다.

나는 옛 추억을 생각하며 차창가로 눈길을 보낸다. 그리운 사람과 차를 타고 여행을 떠났던 기억이 떠오른다. 비교적 여행을 많이 다니는 습관 때문에 어디를 가나 지난 시간의 기억이 어른거린다. 철 따라 지역별로 여행을 다녔다. 집사람과 제일 많이 다녔고 모임 때문에 이곳저곳을 다니면서 추억을 만들고 사연을 만들었다. 집사람과 결혼 전에 데이트를 하던 30년 전 여름철에 서해안을 물자전거를 타고 즐기는데 배 위에서 누가 "하성!" 하고 큰소리로 나를 부른다. 쳐다보니 서산에 사시는 막내 작은아버지께서 술잔을 들면서 나를 불렀다. 약간 미안하고 쑥스러워하던 생각이 난다.

시간이 지나가면 모든 것이 그리워지고 이름다워진다. 작은아버지는 10여 년 전에 돌아가셨지만 가끔 이런 일 때문에 생각난다. 나는 일찍부터 시간을 최대한으로 운용하면서 여행을 즐겨 다녔다. 여행갈 일이 없을 때에는 뒷산에 가서 이런저런 생각들을 많이 했다.

철이 든 20대 초 대학생 시절에는 가을날에 코스모스 핀 비포장도로를 버스를 타고 가면서 이런저런 생각을 하며 미소 지었던 일이 생각난다. 젊은 시절 여행은 사색과 감정을 만끽하며 시간을 보낼 수 있어서 의미가 있었다. 여행은 새롭고 많은 생각을 하게 해주며 추억을 만들어준다.

나름대로 마음 깊이 새겨지는 일부터 쉽게 잊혀지는 일까지 참으로 다양하고 멋있게 기억되기 마련이다. 고교졸업반 시절에 무전여행 수준으로 적은 돈을 갖고 낙동강을 친구 세 명이 정처 없이 간 기억이 난다. 모두 졸업이 며칠 남지 않은 아쉬움 때문인 것 같다. 친구 중 하나는 지금 제약회사 사장이고 다른 친구 하나는 보건소 소장이다. 졸업을 앞두고 모두가 고민에 싸여 복잡한 생각을 했던 때 같다.

가까운 친구도 졸업 후에는 서로의 생활에 바빠서 만나기가 힘들다. 서로 만날 시간이 있으면 가을바람을 쏘이면서 옛날 추억의 길을 다시 가고 싶은 생각이 든다. 현실적으로 어려운 일이지만 마음은 항상 여유와 그리움이 있다. 인생은 추억을 그리면서 살도록 신이 안내하는 것 같다. 일상 속에서 수시로 일어나는 작은 여행길을 즐기면서 사색하고 멋을 찾을 수 있음은 다행스러운 일이다.

어찌 생각하면 인생은 한 번의 재미있는 여행길 같기도 하다. 여행하면서 다양한 광경을 보고 즐기듯이 삶 자체가 희로애락을 즐기면서 살아가기 때문이다. 여행길에서 처음 만나는 사람에게 정다운 이야기와 즐거운 이야기를 나누기도 한다. 우연한 여행길에 만나서 아름답고 친절한 이야기를 나눌 수 있는 사람은 고마운 사람이다. 친절하고 정다운 사람은 생각 할수록 감사하게 느껴진다.

사소한 생각들을 모아 기록하여 보관해 두면 시간이 지난 후 아름답게 기억할 수 있다. 추억을 만들고 새로운 길을 다시 찾으려 하는 마음이 중요한 것 같다. 인생의 긴 여정을 사랑하고 좋아하는 사람들과 함께 웃으며 갈 수 있도록 노력하여야 한다. (2010.11.15.)

11. 고맙고 사랑스러운 사람들

오늘은 후배 교수들이 출판기념회를 개최해준 날이다. 물론 나와 평소에 원만한 인간관계를 유지하면서 좋게 지내는 사람들과 함께하였다. 친한 대학동료 교수 40명, 대전에서 가깝게 지내는 모임 구성원 8여 명, 가족 8명, 그 외 사람들 9명 등 총 65여 명이 모였다. 자리를 함께해야 할 몇 사람들이 연락이 잘못되어 참석하지 않아 아쉬움이 든다. 만나서 즐거운 사람들은 어떤 일이 있어도 함께하는 데 의미가 있는가 보다.

식순에 따라서 1부는 기도, 2부는 출판기념의식, 3부는 식사 순으로 1시간 30분 정도 이어졌다. 설교하는 목사님이 나의 부지런함과 항상 웃는 모습을 이야기해주었다. 덕담과 미소 속에 기도회를 마치고 정담을 나누면서 맛있는 식사를 하였다. 즐겁게 이야기를 나누면서 한 시간에 걸친 식사 시간은 길지 않게 느껴졌다. 함께 있고 싶었고 만나면 즐거운 사람들과 함께 시간을 보내는 의미가 크다.

평소 가깝고 즐거운 사람을 만나서 같이 식사를 나누고 대화를 나누는 일은 유쾌한 일이다. 사사로운 이야기부터 세상 돌아가는 정치 사회 이야기를 나누면 시간 가는 줄 모른다. 공통의 관심사이기 때문인가 보다. 자리를 함께한 두 아들이 당당해 보인다. 큰아들은 혼기를 앞두고 있어 딸을 둔 어느 교수가 깊은 관심을 갖고 이야기를 나눈다. 학교에서 가끔 둘째 아들 이야기를 해서 둘째에 대한 관심을 갖는 사람도 있다. 자신의 공부에 최선을 다하면서 열심히 생활하는 둘째 아들 바다의 모습이 대견스러워 보인다. 늠름한 두 아들이 자리를 함께하여 기분이 흡족하다. 어느새 이들이 성장하여 여기까지 오게 됐나를 생각해본다.

대형화환이 십여 개, 난화분이 세 개가 들어왔다. 연락도 전혀 안 했는데 다른 사람들한테 소식을 듣고 화환을 보내고 참석한 분들이 있다. 당초에는 축하금을 받지 않고 후배 교수가 모든 경비를 다 내기로 했는데 참석자 반 정도가 축하금을 냈다. 곰곰 생각해보니 나에게는 부담일 수밖에 없다. 많은 축하금이 들어와서 책 출판비, 식비를 다 지불하고도 돈이 남았다. 남는 돈을 우리 학과 학생들에게 장학금으로 사용할 계획이란다.

비단 출판기념회뿐만 아니라 사회생활을 하면서 애경사를 비롯한 많은 기념행사를 하게 된다. 이때마다 참석 인원에 따라서 행사의 성패여부를 이야기한다. 참석자가 많으면 긍정적으로 이야기를 한다. 인심을 얻어서 평소에 사람관계가 좋다는 등의 이야기를 한다. 과거의 세 번 출판기념회 때보다 참석자의 수준이 높고 이야기가 진지해서 좋았다. 덕담과 웃음을 짓게 하는 이야기들이다.

대학의 특성상 신학과 교수들과의 상호관계가 적은 편이나 나는 유난히 신학과 교수들과 가깝게 지낸다. 이런 이유로 10여 명의 신학과 교수 전체가 다 참석해주었다. 신학과 교수들은 교단신학교를 졸업하고 외국명문 신학대학원에서 박사학위를 받은 사람들이다. 우리 사회는 경사 때보다 애사에 참석해서 슬픔을 위로해주고 이야기를 나눈다. 초등학생 시절 마을에서 초상이 나서 식사를 초상집에서 하게 된 적이 있다. 왠지 찜찜한 기분 때문에 초상집에서는 물 한 모금을 마시지 않았던 기억이 난다. 그에 반하여 결혼식 집이나 환갑 등 잔칫집에서는 모든 음식을 맛있게 많이 먹고 온 기억이 난다. 사람은 분위기가 기분을 좌우하기 때문에 평생을 여유 있고 넉넉하게 살아가려는 노력이 필요하다.

이번 내 회갑은 집에서 무려 세 번이나 상을 차려냈다. 가족모임 한 차례, 이웃사촌 따로, 가까운 친구 이렇게. 나중에 형수님이 넌지시 건네는 말이 내가 어려운 수술을 받고 건강을 회복하는 동안 나를 아끼는 여러분의 기도와 염려가 컸다는 감사함을 작은 정성으로나마 보답하려는 마음으로 생일상을 차렸다고 한다. 아내는 사흘 동안 저녁식사를 준비하면서 한꺼번에 많은 사람을 초대하지 않으니 그리 힘들 것도 없다고 했다.

몸이 힘들고 어려워도 내색하지 않고 남에게 대접하려고 땀 흘리며 노력하는 모습이 고마울 뿐이다. 타인 지향적인 사고를 갖고 베풀며 대접하는 일은 매우 의미가 크다. 오늘도 음식준비에 밤 한 시가 넘어서 잠자리에 든다. 사람은 기쁨과 슬픔을 항상 이웃과 함께하기 때문에 정이 들고 기분이 좋아진다.

고통과 절망이 가득한 외로운 병실에서 치료를 받을 때에 문병을 와서 위로를 해주고 희망의 이야기를 해주던 사람들의 고마움이 시간이 지난 후에도 가끔 떠오른다. 애경사를 함께 한다는 것은 우리의 미풍이라기보다는 사람의 심리상태를 잘 처리하는 지혜로운 방법인 것 같다.

아무리 바쁜 일이 생겼어도 축하해줄 사람은 꼭 찾아가서 축하를 해주어야 된다. 특히 슬픈 일이 생겼을 때는 꼭 참석해서 위로를 해주는 일이 중요하다. 회갑기념 출판기념회가 어떻게 보면 특이하고 시대에 안 맞는 것 같지만 가깝고 소중한 사람들이 자리를 같이해서 정담을 나누며 식사를 하는 기회는 의미가 있어 보인다.

나는 그동안 많은 모임을 주관하고 참석했지만 오늘의 행사는 마음이 가뿐하고 기분이 상쾌하다. 나이 60이라는 시간적 의미보다 창창한 내일을 꿈꾸기 때문인 것 같다. 미래는 더 소중하고 아름답게 사람들에게 정을 베풀면서 살아가길 다짐해본다. (2010.11.18.)

12. 달콤한 홍시

　빨갛고 부드럽게 잘 익은 차가운 홍시를 겨울에 먹는 맛이 일품이다. 12월은 홍시를 마음껏 먹을 수 있는 달이어서 나에게는 먹는 즐거움이 넘쳐난다. 나는 12월부터는 거의 매일 하루에 두서너 개씩 달콤하고 시원한 홍시를 먹는다. 나는 다른 사람과 달리 아무리 감을 많이 먹어도 변비가 생기는 일이 없다. 먹고 싶은 음식은 몸이 원하기 때문이라더니 아마도 그런 것 같다.

　어린 시절 제과점에서 단팥빵을 사 먹을 때보다 맛이 더 있고 관심의 눈길이 간다. 먹을 것이 부족했던 중학생 시절에 가끔 빵집에 들러서 단팥빵을 사 먹는 기쁨은 말로 표현하기 어려울 정도로 소중하고 맛이 있었다. 만들기 어려운 용돈을 마련해서 제과점에 가는 일은 커다란 즐거움이었다.

　나이 들어 어린 시절 같은 기분을 들게 하는 일이 우리 집 홍시이다. 홍시의 붉은 모습과 말랑거리는 부드러움 그리고 입에 넣으면 살살 녹으면서 입맛을 돋구어준다. 달착지근한 홍시를 입에 넣고 먹는 맛은 무엇과 비교할 수 없다. 말랑거리는 부드러움과 달콤한 맛은 무엇과 비교할 수 없는 특별한 맛이 있다.

홍시는 크게 달지 아니하고 맛이 넘치게 뛰어나지 않으면서 순수한 우리 입맛에 알맞다. 나는 근 십여 년 동안 우리 집 홍시를 즐겨 먹어 왔다. 내가 즐겨 먹는 홍시는 겨울 내내 먹을 수 있어서 좋다. 해마다 이삼백 개의 홍시를 나 혼자 다 먹는 셈이다. 우리 집에 있는 두 그루의 감나무에서 열린 감을 금년에는 늦게 따서 홍시가 많이 생겨났다.

홍시는 단지에 넣어서 차가운 바깥에 보관했다가 먹는다. 차가운 붉은 홍시를 손에 들고 넉넉한 마음으로 바라보면서 한 입 한 입 맛 있게 먹는 맛은 무엇과도 비교할 수 없다. 붉은 빛에 말랑거리는 감 각을 느끼면서 부드럽고 달콤한 맛으로 먹는 홍시는 정말로 좋은 과 일임을 생각하게 한다.

호감 가는 홍시를 먹을 때마다 맛있게 익혀준 햇볕이며 빗물이며 감나무 가지에서 노래하던 새들에 대한 고마운 생각에 감사한 마음 이 가득해진다. 봄날 하얀 감꽃이 너무 많이 떨어져서 매일 감꽃을 쓸면서 금년에는 감이 얼마 열리지 않을 것같이 생각했으나 오늘의 많은 홍시를 보면서 꽃이 얼마나 많이 피었나를 짐작할 수 있다.

가지마다 피어난 나무의 하얀 꽃이 오늘의 홍시가 되었으니 지난 시간에 감을 키워준 햇볕과 비바람이 고마울 따름이다. 가을날의 풍 성함은 우리 집의 홍시뿐만 아니라 모든 것이 여유가 있어서 좋다. 농촌 들녘에 가면 풍년 든 곡식을 바라볼 수 있어서 좋았던 것과 같 다. 우리 집 세 식구 중 유일하게 나 혼자만이 홍시를 즐겨 먹는다. 아내와 두 아들은 홍시를 잘 먹지 않는다. 감을 따기 며칠 전부터 참 새와 까치가 잘 익은 감을 쪼아 먹는다. 도시의 새들도 날씨가 추워 지니 먹을 것이 없어서 여기저기를 날아다니는 것 같다.

60년대 경제적으로 어려워 많은 사람들이 겨울에 방물장사를 하였다. 장사꾼이 집에 오면 할머니는 반드시 먹을 것을 주며 그들의 힘든 사정 이야기를 들어주고 위로해주셨다. 이때는 시골에서는 유일하게 홍시가 주전부리로 으뜸이었다.

집에서 가끔씩 한 개씩 홍시를 주셔서 맛있게 먹었던 기억이 항상 새롭다. 감 몇 알을 새들이 쪼아 먹는 여유와 풍요로움이 우리 집에는 넘치고 있어서 기쁘게 생각된다. 감나무 때문에 봄부터 여름 내내 새들의 노래 소리를 들을 수 있다. 봄날에 하얀 감꽃이 피면 가을날의 홍시를 생각하면서 바라볼 수 있어서 좋았다.

옅은 향기를 맡으며 하얀 감꽃을 바라보는 시간은 정말로 넉넉한 일이었다. 감나무 맨 위의 높은 곳에 매달린 감은 딸 수가 없어서 자연스럽게 새들의 겨울 먹이가 된다. 잎이 떨어진 앙상한 감나무 가지에 매달린 빨간 감 하나가 새들의 맛있는 먹이가 되는 이유를 생각해 본다. 세상에 존재하는 만물은 나름대로 존재가치와 이유가 있다. 만물의 영장인 인간은 각자가 추구하는 선하고 아름다운 세상을 위하여 최선을 다하여야 한다.

12월 초에 서녘으로 저무는 햇살을 보면서 가끔은 우리 집 홍시를 생각한다. 티 없이 맑고 고운 서해로 넘어가는 아름다운 저녁놀은 우리 집 홍시처럼 부족함이 없어 보인다. 붉은 홍시는 젊은이의 연정처럼 느껴진다. 아무런 사심 없는, 젊은 가슴에서 샘솟는 순수한 사랑을 노래하는 열정. 서로에게 관심 깊은 마음으로 눈동자를 바라보며 이야기하고 웃는 모습은 어떠한 단순한 요인의 매력에 빠져서 사랑하게 된다. 사랑하면 흠결과 모순 등 모든 것이 긍정적이고 아름답게 보이기 때문이다. 대학 시절 이성친구와 데이트를 할 때에 그의 모든 모습과 행동거지가 아름답고 보기 좋았던 기억이 생각난다.

사회관계가 연정을 향한 노력처럼 이루어진다면 갈등과 대립은 사라질 것이다. 사랑하는 사람은 모든 행동거지와 사고가 긍정적으로 보이기 때문이다. 붉은 홍시는 진정한 사랑처럼 느껴진다. 사랑은 이해하고 포용하며 아름답게 바라봄으로써 이루어진다. 아무리 잘못을 하고 타인의 마음에 들지 않아도 사랑을 하면 모두가 긍정적으로 곱고 아름답게 보여서 부정하거나 비판할 여지가 없어진다.

이 세상에서 사랑하며 살아가는 일은 항상 행복하고 즐거울 수밖에 없다. 붉은 홍시를 바라보면서 연정과 사랑을 생각할 수 있음도 아름다운 여유가 있기 때문이다. 나처럼 겨울철에 매일매일 서너 개씩 홍시를 먹는 사람이 많지 않을 것이다. 홍시를 먹을 때마다 넉넉한 마음을 갖고 세상을 생각하는 마음도 흐뭇할 뿐이다. (2010.12.2.)

13. 겨울날의 여유

　금년은 겨울 날씨가 추운 것 같아서 좋다. 겨울철은 역시 추워야 실감이 난다. 어린 시절에 겨울이 오면 무조건 얼음판에 나가서 팽이도 치고 썰매를 타던 기억이 새롭다. 매년 맞이하는 겨울이지만 매서운 북풍이 몰아치고 눈보라가 휘날려서 걷기가 불편할 정도의 추위를 느끼는 겨울이 호감이 간다. 북풍과 찬바람 속에 추위를 느끼는 겨울이 겨울 같기 때문이다. 어린 시절 겨울이 오면 들판에 나가서 얼음지치기를 하거나 썰매를 타면서 놀았다. 방한복과 장갑 등의 월동의복이 부실했던 어린 시절에 물불 가리지 않고 밖에 나가서 열심히 뛰어놀던 때가 가끔씩 그리워진다.

　옷 입은 것이 시원찮아도 부지런히 움직이니까 추위를 잊을 수 있었다. 발에는 동상이 걸려서 고생했던 기억도 생생하다. 친구들이 순수하고 정다웠기 때문에 매일같이 학교 가는 시간 이외에는 마을에서 신나게 놀았다.

　때로는 연을 날리거나 팽이를 치면서 많은 시간을 보냈다. 개울과 논에 언 얼음 위에서 뛰어 놀다가 얼음이 깨지면 발이 물에 젖어서 불을 피워놓고 발을 말리다가 양말과 옷을 태워서 어머니한테 꾸중을 들은 적이 많았다. 밤이면 깡통에 불을 피워서 돌리면서 쥐불놀이를 하던 기억도 새롭다.

60년대의 우리나라 경제는 매우 어려워서 적당한 놀이도구를 구입하고 놀 장소가 없었다. 자연스럽게 시골아이들은 팀 놀이와 장난에 익숙해질 수밖에 없었다. 마을 앞에서는 자치기와 딱지치기를 하면서 친구와 시간을 보낸 일이 많았다. 밭에서 편을 갈라서 놀이를 하면서 점수를 매겼던 일이 지금도 기억에 생생하다. 놀이 자체가 친자연적이어서 기구를 주변에서 자연스럽게 채취할 수 있는 것을 사용했다.

길가의 나무를 꺾어서 밭에서 자치기를 하기도 하며 같은 팀 친구가 목말을 만들면 타고서 편싸움하기 등은 아주 재미있었다. 고교 시절과 대학 시절에는 4-H클럽 대전시와 충청남도 연합회장직을 맡으면서 대전 시내 외지와 충청남도 농촌 곳곳을 다니면서 이야기하고 토론하면서 시간을 보냈다. 때로는 밤늦게 이야기를 하다가 버스를 놓쳐서 회원 집에서 자고 오는 때도 있었다.

지금도 가끔 그 시절을 생각하면 그립고 아쉽다. 어느 여자회원이 필자를 무척 좋아했었는데 나는 무심할 정도로 외면하면서 관계를 맺지 않았던 일이 가끔 생각난다. 어느 해 겨울날이다. 그때 나는 고교 3학년생으로 대전시 4-H연합회장을 맡을 때 일이다. 나를 따라 무조건 들판을 달려온 아가씨가 포옹을 하면서 사랑을 나누고 싶어 하던 모습이 지금도 눈에 선하다. 오정동 들판 길은 나에게 특별한 사연을 만들어준 곳이다. 모든 사람이 20대 초반에는 애틋한 감정 속에서 다양한 사랑을 엮어 갔던 시절이기 때문인 것 같다. 사춘기 시절의 감정과 정서는 시간이 지나도 지금까지 아름다운 추억으로 남아 있어 다행스럽다. 그것이 결코 후회스럽거나 미안하지 않기 때문이다.

지금이야 여유시간에 문학서적을 비롯해서 역사책을 읽거나 신문에 매일 사설과 칼럼을 쓰다시피 한다. 지나칠 정도로 글을 많이 쓰는 편이다. 덕분에 세상의 다양한 정보와 사회현상에 대하여 깊은 관심을 갖고 비평해본다. 건강을 생각해서 가끔 시간을 내서 집 뒤에 있는 도솔산으로 산보를 다닌다.

때로는 돌돌이를 데리고 함께 간다. 말 못하는 개를 이리저리 끌고서 다니는 재미도 괜찮다. 대부분 돌돌이가 가려는 길과 내가 가려는 길이 다른데 돌돌이는 내가 원하는 대로 잘 따라와서 다행스럽다. 길손들은 대부분 60대 사람들이 많다. 가끔 10대의 아이들이 어머니와 함께 오기도 한다. 이들은 애완견을 데리고 온다.

물어보면 4~5년생이어서 몸집은 작아도 자기보다 대여섯 배가 큰 우리 돌돌이를 보고 짖어댄다. 돌돌이는 덩치는 커도 4개월밖에 되지 않았다. 개들은 나이를 서로 알아보고 짖어대는 것 같다. 산보하는 아주머니들이 처음 보는 돌돌이에 많은 관심을 갖고 미소를 짓는다. 돌돌이의 복인 것 같다. 왜 그렇게 시간이 빨리 가는지 모르겠다.

해마다 맞이하는 겨울철은 항상 넉넉함과 여유로움이 있어 좋다. 온 세상에서 자라나던 나무와 풀들은 성장을 멈추고 씨앗과 줄기와 뿌리로 추운 겨울을 지내기에 생명의 숨소리를 들을 수 있다. 내년 봄에 피울 고운 꽃의 색깔과 향기를 품속에 간직한 채 추운 겨울을 지내려는 꽃씨를 생각하니 기다리는 여유로운 마음이 퍽이나 행복해진다. 올겨울에는 좀 더 많은 문학서적을 읽고 수필을 쓸 것이다.

선열들의 지혜와 참된 가치를 음미하면서 시간을 지워가는 것도 의미가 있다. 사람은 항상 부지런하고 열심히 살아갈 때에 존재가치를 추구하는 것이다. 자신의 할 일을 다하고 여가를 이용해서 적절한 휴식을 취하며 내일을 구상하는 마음을 가져야 한다. 그러기 위해서 시간운용을 철저히 하는 습관이 필요하다.

옛날 초등학교 시절에 병정놀이와 편싸움을 하며 마음껏 놀던 일과 음식 먹는 이야기와 친구 흉보기 등의 사사로운 이야기를 하던 때가 그리워진다. 그들도 이제는 할아버지 소리를 들으면서 손자를 돌보기도 한다. 대부분 퇴직했고 집에서 소일하기 때문이다. 지금은 옛날처럼 그렇게 놀고 이야기하며 시간을 낭비하는 것이 추억으로 남을 수 없다. 매사를 현실적으로 충실하게 보내야 되기 때문이다.

글로벌시대의 무한경쟁에서 이길 수 있는 방법을 찾는 일이 중요하다. 어느 분야든지 세계에서 제일가는 실력과 재능을 가져야 된다. 식물들에게 겨울날은 휴면과 내년 봄의 꿈이 자라나는 시간이기에 소망과 기다림을 만끽할 수 있다.

봄이 오면 파란 새싹을 키우며 각양각색의 꽃들을 피우기에 여념이 없다. 길가에 피어나는 노란색의 맨드라미에서부터 토끼풀 하얀 꽃, 뒷동산 북쪽 기슭에서 피어나는 연분홍 진달래가 보기가 너무 좋다. 봄날이 선물하는 아름다움이기 때문이다.

때로는 계절이 선물하는 자연의 미학에 빠질 수가 있어서 좋다. 따뜻한 봄볕을 쪼이면서 꽃을 피워가는 이치를 생각해보았던 어린 시절의 추억이 종종 떠오른다. 올겨울도 감사하고 아름다운 시간이다. (2010.12.11.)

14. 돌돌이와 산책하기

　어제는 돌돌이와 둘이서 도솔산 산책길을 한 시간 정도 걸었다. 돌돌이는 내가 안내하는 대로 열심히 걷는다. 가끔은 뒤를 돌아보며 나를 확인하기도 한다. 개지만 주인이 혹시 있나 없는가를 확인하는 것 같다. 생후 4개월 된 돌돌이는 진돗개의 피가 섞여서인지 힘이 무척 세고 절대로 남을 보고 물거나 짖지 않는다.

　진돗개 잡종이지만 처음 보는 사람들은 모두 진돗개냐고 물을 정도다. 아무나 보면 매달리고 좋아서 꼬리를 흔들어댄다. 무엇이나 먹을 것을 찾아서 잘 먹는다. 아마도 전생에서 굶주림에 시달리다가 개로 다시 태어난 것 같다.

　생후 1개월 되었을 때에 청양에 사는 후배 집에서 얻어다 집에서 길러서 그런 것 같다. 이상할 정도로 무조건 사람을 따르기를 좋아한다. 집에서는 사료를 늦게 주어 배가 고프면 멍멍 하고 짖어댄다.

　오늘은 추운 날씨 덕분에 도솔산을 오르는 보행자가 많지 않았다. 50~60대 부부들이 주로 등산을 하는 사람들이다. 이들은 건강을 위해서 매일 산길을 걷고 있는 것 같다. 오늘은 진종일 서재에서 책만 보다가 세 시쯤 집사람과 도솔산으로 산책을 나섰다. 몸이 찌뿌드드한 것이 상태가 좋지 않은 것 같아 산길을 걸어서 운동을 하고 싶었다.

돌돌이를 앞세우고 걷기 시작했다. 돌돌이는 신바람이 나서 막 뛰어가려고 야단법석이다. 산길을 오르니 참나무 잎, 감나무 잎, 솔잎으로 10cm는 쌓여서 걷는 발길을 부드럽게 해준다. 소나무는 푸른 잎을 자랑하고 있으나 많은 나무들은 낙엽을 떨구고 봄날을 기다리고 있다.

따사로운 봄볕이 비추면 푸른 잎을 내밀기에 여념이 없을 새싹을 생각하게 한다. 여러 번 똑같은 산길을 걷지만 걸을 때마다 기분이 다른 것은 마음이 항상 다르기 때문인가 보다. 어느 날은 산길이 고즈넉해 보이며 쓸쓸해 보이기도 한다. 어느 때는 땅속의 뿌리와 봄 이야기를 생각하며 마음이 설레기도 한다. 봄날 집 안의 감나무 잎이 어제 다르고 다음 날 다른 느낌은 매일매일 자라나기 때문이다. 사람의 감정이 매일 다른 것과 같은 이치다. 다가올 봄날을 생각하는 산책길이 아름답다.

희로애락이 수없이 변화하는 인간의 마음은 시시각각으로 변하기 마련이다. 떨어진 낙엽을 바라보면서 내년 봄날의 푸른 새싹을 기다리는 마음을 가져본다. 봄이 오면 온 산야에는 푸른 새싹이 돋고 아름다운 붉은 꽃이 피어난다. 우리나라의 사계는 봄날의 기다림과 겨울날의 쓸쓸함이 조화를 이루어서 사람들이 살아가는 재미를 느끼게 해준다.

산야의 봄철은 여유가 있고 아름답기만 하다. 따사로운 봄볕에 싱그러운 새싹이 있기 때문이다. 깊은 산기슭에는 진달래가 피어나고 할미꽃이 고개 숙이며 온갖 잡풀들이 나름대로 형형색색 꽃을 피운다. 산철쭉, 제비꽃, 영산홍, 붓꽃 등이 만발하게 피어난다. 일시에 모든 꽃이 피지 않고 약간의 시차를 두고 꽃을 피워서 외롭지 않게 지속적으로 산야를 지켜간다.

산길을 십 분 정도 걷다가 서구공설운동장으로 갔다. 산 아래 운동장이 있어 돌돌이의 끈을 놓아주었다. 신나게 뛰어가는 돌돌이의 모습이 퍽이나 씩씩해 보인다. 앞으로 달리면서 돌돌이는 줄곧 뒤를 돌아보며 우리를 확인한다. 운동장을 도는 사람에게 매달리고 꼬리를 흔들면서 애정을 표현한다. 돌돌이는 다른 사람을 보면 짖거나 물 줄은 모르고 무조건 꼬리를 흔들면서 좋아하며 매달린다. 무조건 사람들을 좋아하는 돌돌이의 심리를 알 길이 없다. 돌돌이는 매일 집에서 끈으로 묶어서 기르기 때문에 자유로운 밖으로 나오면 좋아서 어쩔 줄을 모른다.

이리저리 뛰어가려고 몸부림을 친다. 돌돌이의 뜀박질이 너무 빨라서 목을 맨 끈을 잡고 뛰어가기가 쉽지 않다. 힘이 너무 센 것도 탈이다. 사람이 여유가 있을 때마다 자신이 기르는 애완견을 데리고 산책을 하는 일도 재미있는 것 같다. 오랜만에 집사람과 산길을 걸으면서 자식 이야기와 세상 돌아가는 이야기를 나누었다. 친구 집 자녀의 혼인 이야기에서부터 자식들의 진로 이야기를 나누었다. 앞으로 퇴직 후의 우리의 일상생활 이야기까지 다양한 이야기도 하였다.

잘된 다른 사람들 자녀 이야기를 하다가 우리 집 자식을 생각하니 걱정이 앞선다. 아들 둘 다 아직까지 공부를 하며 미취업, 미혼상태이기 때문이다. 아이들이 대학원을 졸업한 후 직장을 잡고 혼인을 하여 아들딸 낳고 잘 살아야 마음이 놓일 것 같다.

부모의 마음은 자식에 대한 무한한 걱정이다. 세간에서는 부모는 죽을 때까지 자식을 걱정하면서 산다고 한다. 돌돌이는 주인이 무슨 이야기를 하는지 모르고 신이 나서 꼬리를 마구 흔들면서 길을 걷는다. 한 시간 정도 걸으니 등에서 땀이 나며 운동을 한 기분이 든다. 귀여워하는 돌돌이와 많은 시간을 보낼 수 있음도 다행스럽다.

사람이 친구를 사랑하고 신뢰하는 사람과 자주 만나서 이야기를 나누면서 살아간다는 것은 퍽 다행스러운 일이다. 남은 시간을 사랑하고 좋아하는 사람과 많이 만나서 이야기하고 함께 지내야겠다는 생각을 해본다. 나이 들면 여가를 보내기가 수월찮아서 고민하고 취미에 집착하는 사람들이 많다. 가까운 친구와 함께 식사하고 취미생활을 하는 활동은 바람직해 보인다.

좀 더 많은 사람과 친하게 지내기 위해서는 순수한 자연 이야기와 취미생활을 이야기해야 공감을 얻어서 정이 붙기 마련이다. 꽃을 좋아하고 잘 기르는 사람끼리 만나면 꽃 가꾸는 이야기와 서로 나누려는 마음으로 여유가 있어서 좋다.

현실적으로 돈이나 물질 이야기보다는 순수한 이야기가 사심이 없어서 인정을 키워가는 것 같다. 돌돌이의 욕심 없는 모습을 늘 생각하면서 여유롭게 남을 돕고 풍요롭게 일상을 살아가는 것도 현명한 생각이다. 앞으로 이 현명한 생각을 효과적으로 실천하는 일에 최선을 다하여야겠다.

항상 마음을 비우고 재물에 대한 욕심을 절대로 부리지 않고 넉넉한 마음으로 세상을 바라보는 시야를 가져야 한다. 오늘은 돌돌이와의 등산길을 오르면서 많은 생각을 하고 집사람과 다양한 이야기를 나눌 수 있어서 기분이 좋았다. 같이 살아가는 돌돌이에 대하여 많은 관심과 애정을 느껴본 오늘이다. (2010.12.12.)

15. 그리워 보고 싶은 사람

사람은 나이 들어감에 따라서 돌이킬 수 없는 지난날에 대한 그리움이 간절해진다. 지난 시간은 되돌릴 수 없으며 재현할 수 없기 때문이다. 져버린 꽃은 과거의 아름다운 형상만 생각날 뿐이지 현재는 너무나 초라해서 보기 싫다. 이미 상당히 지나버린 시간은 도저히 환원하거나 되새길 수 없는 일이다. 지난 시간은 그립고 아쉬움이 남기 마련이다. 추억이 가득한 일도 많지만 생각하고 재연하기 싫은 나쁜 일들도 있다.

기억하고 싶지 않은 부정적인 일들은 두 번 다시 떠올리고 싶지 않지만, 어린 시절 친구들과 눈싸움하던 일부터 바다에서 물자전거를 타면서 놀던 일을 비롯해서 이루 표현할 수 없는 많고 많은 일들이 때로는 그리워진다. 정이 들어 항상 마음속에 있는 그리운 사람을 만나고 싶다.

어린 시절 놀이를 같이하던 여자 친구부터 전학 간 남자 친구의 모습이 생생하게 떠오른다. 초등학교 3학년 때에 추석날 우리 집에서 송편을 만들 때에 서쪽 하늘에 떠 있는 보름 전날 달을 바라보며 즐거워하던 동네 여자 친구가 가끔 생각난다. 철없는 여자 친구는 아무런 부담 없이 나와 정다운 이야기를 나누며 그럴듯한 이야기를 해주었다. 물론 달에 대한 많은 이야기였다.

우리 집에서 찐 송편을 맛있게 먹으면서 서녘의 보름달을 바라보며 무척 좋아하던 모습이 그립다. 우리 집 앞마당 옆에 심어둔 참가죽나무 위에 때까치가 집을 짓고 새끼를 쳐서 돌보던 어미 새가 귀엽고 사랑스러울 수밖에 없었던 어린 시절이 그리워진다.

여름날 땀 흘리며 유등천으로 걸어와서 수영하던 친구가 보고 싶어진다. 뒷동산에서 나무를 꺾어서 칼싸움 놀이를 하고 씨름을 하던 기억도 생생하다. 지난 아름다운 기억은 세월과 관계없이 오랫동안 기억되기에 모든 관련된 친구들을 그리워하게 된다. 초등학교 친구 중 몇몇은 정말로 보고 싶으며 만나고 싶다. 현실적으로 만나면 가치관, 생활양식, 하는 일 등 여러 요인에 의해서 재미가 없겠지만 무조건 만나고 싶은 것은 아름다운 지난날의 추억 때문이다.

비단 친구뿐만 아니라 애완견이며 소유한 물건에 대한 애정이 깊어지면서 그리워진다. 우리 집안에서 3대까지 기르던 돌돌이에 대한 생각이 가끔씩 난다. 집안에서 식구들이 애정을 갖고 기르던 애완견이다. 3대가 우리 식구들의 사랑과 귀여움을 받으면서 잘 자라났다.

가장 심도 있게 깊은 그리움에 빠져드는 일은 30여 년 전에 돌아가신 할머님 생각이다. 할머님은 인정이 많고 진정으로 손자들을 사랑했기에 가끔 인자하신 모습이 떠오른다. 항상 이웃의 어려운 사람들과 보부상들에게 먹을 것을 나누어주고 손자들을 엄청나게 사랑하신 할머님이시다.

60년대 초반 초등학교 시절에는 아이스크림을 사서 부엌의 찬장에 두었다가 내가 학교에서 돌아오니 먹으라고 주셨다. 물론 아이스크림이 반은 녹았지만 할머니는 어쩔 수 없었다. 당시는 냉장고가 없었기 때문이다.

1976년 8월에 내가 군에 입대하던 날 할머니가 대문 밖에 나오셔서 눈물 흘리시며 잘 다녀오라고 하시던 모습이 지금도 생생하다. 대학 시절 술을 마시고 취해서 친구들과 집에 와도 싫어하는 내색 전혀 없이 설탕물을 타주시던 할머니이다. 할머니의 남을 아끼고 사랑하는 마음은 오늘도 변함없이 내 마음에 머물고 있어서 나도 남을 위해서 많은 노력을 하고 있다.

마음에 어긋나고 정도가 아니어도 속으로는 충분히 이해하면서 감싸 안고 도와주셨다. 항상 타인 지향적인 사고로 남을 수용하고 격려해주셨다. 도인 같은 마음으로 남을 감싸 안고 사랑했던 할머니의 인격이 존경스럽다. 아무리 이해관계에 있는 일이라도 항상 상대방을 먼저 생각하고 배려하는 마음을 가져야 한다.

후일 진정으로 그리워 만나고 싶은 사람과의 관계를 위해서 더 많은 인내심과 타인을 사랑하고 이해하는 마음을 가져야 한다고 생각한다. 오늘은 그리운 사람의 전화를 집에서 받았다. 집사람이 받아서 이야기를 나눈 후 나에서 바꾸어주었다. 사랑하는 대학 제자로 과거에 우리 집에도 여러 번 찾아왔고 집사람과 가까운 사이다. 오랜만의 전화로 반가웠다. 내가 주례를 서주었고 박사학위 심사도 해주었다. 남편은 공무원이고 딸만 세 명을 낳아서 키운단다.

통 소식이 없다가 오랜만에 전화를 주니 반갑기 짝이 없다. 그리움은 항상 감사하고 고마운 마음이 있을 때에 생성되기 마련이다. 어린 딸 세 명을 기르면서 건강하다니 반가운 소식이다. 가끔 소식 듣는 사람들도 아주 관심이 있어 남다른 애정을 느끼는 사람이 많을수록 살아가기가 좋다. 앞으로 가까운 많은 사람들이 나를 그리워하기 위한 행동을 지금부터라도 열심히 할 생각이다.

사람이 그리움을 간직하고 살아가는 일은 중요하고 아름다운 일이다. 그리움을 통해서 자신을 생각할 수 있고 남을 배려할 수 있기 때문이다. 보다 많은 사람들이 내가 그리운 대상이 될 수 있도록 선한 노력을 해야겠다. 목숨이 있는 날까지 남들이 보고 싶고 그리운 사람으로 살아가는 일은 매우 중요하다.

남들이 그리워하며 보고 싶은 사람이 되기 위하여 선행과 배려를 많이 하며 선하고 아름다운 언어와 베푸는 행동을 하여야 한다. 시간이 지나도 아름다운 이야기로 위로받았던 고마움은 잊혀지지 않는다. 순수하게 남을 배려하며 생각하는 마음을 갖고 실천하는 일에 최선을 다하여야 한다.

넉넉하고 여유 있는 마음으로 가득하여 남들을 귀하고 소중하게 생각하며 작은 일에 큰 고마움을 느끼는 삶을 살아가야 한다. 하찮은 일이지만 고마운 사람들이 너무나 많다. 항상 미소를 지으며 주변사람들에게 평화로운 분위기를 만들어가는 사람도 소중하다. 가끔 생각해보는 무한한 미래에 대한 가치를 중시하면서 열심히 살아가는 일보다 더 소중한 일은 없기 마련이다.

자신의 능력과 여건에 따라서 크고 작은 일을 얼마든지 할 수 있다. 자신이 할 수 있는 타인에 대한 배려를 키우고 일상에서 일어나는 크고 작은 일을 도와줄 수 있는 일을 하여야 한다. 공공의 가치와 타인을 위한 일에 최선을 다하며 생활해가는 일이 중요하다. (2010.12.16.)

16. 봄날을 기다리는 마음

　요 며칠 날씨가 추워지자 따뜻한 봄날이 그리워진다. 영하 8도를 오르내리며 바람이 몹시 차가운 날씨다. 겨울의 추운 날씨는 따사로운 봄날을 기다리는 마음을 갖게 하기에 의미가 있다.

　손이 시려서 호호 불면서 따스한 봄볕을 기다리던 시절이 정말로 좋았다. 어린 시절엔 봄을 기다리는 순수함 이외는 아무것도 바라는 것이 없었다. 돈이며 권력이며 모두가 필요 없으며 대지를 따뜻하게 녹여주는 봄볕의 아름다움을 좋아했다. 봄은 추운 겨울이 지나가고 따사로운 햇볕과 함께 오기에 소중하다.

　어떤 슬프거나 어려운 일이 지나가면 기쁘고 희망이 보이는 일이 올 때에 느끼는 기분과 같다. 봄의 다가옴은 삶을 신나고 기쁘게 해주므로 모든 것이 여유 있고 고마워 보인다. 산과 들에서 봄을 기다리며 추운 겨울을 보내던 풀과 나무들의 소망을 생각해본다. 새봄이 오면 아름다운 꽃을 피우고 새잎을 펼치기에 여념이 없을 것이다. 연한 녹색의 새싹이며 고운 분홍빛 꽃잎이 더없이 귀하고 아름답다.

　추운 겨울을 벗어난 헐벗고 어려운 사람들도 일상생활에서 활력을 찾으며 열심히 일하려 한다. 새봄은 학교에 입학하는 어린이들의 기다림이 유별나게 해준다. 새 가방과 옷을 사서 입고 학교에 가서 글자를 배우며 그림을 열심히 그린다. 새로운 친구와 놀이를 하면서 우정을 쌓기도 한다.

나도 초등학교 입학하던 날 어머니께서 등에 멜 수 있는 가죽가방을 사주시고 새 옷을 입혀주셨던 기억이 난다. 어린이지만 학교에 입학하자 선생님 말씀을 잘 듣고 친구와 우정을 쌓으면서 학교생활에 최선을 다하려는 생각을 하였다.

농부들은 농장에 심을 작물에 대한 계획을 수립하고 예상되는 농산물 가격에 대비하며 다수확을 올리려고 마음을 부풀린다. 다수확을 하여 돈을 벌려는 의욕이 넘쳐나는 계절이다. 씨앗은 언제 어떻게 심고 거름은 무슨 거름을 줄 것인가에 대한 계획을 수립한다. 학생들은 새로운 반 친구와 우정을 쌓으면서 새 학기 공부에 의욕을 보인다. 나도 새봄이 오면 계룡산 등산 횟수를 늘려서 건강을 지키는 일에 우선하려는 생각이다.

건강을 보전하며 등산을 통해서 자연의 아름다움을 만끽할 수 있음은 퍽이나 행복한 일이다. 동학사 입구에서 남매탑 등산로를 향해서 열심히 걸어가면 저절로 신바람이 난다. 꽃피고 파란 새싹이 돋아나는 봄날의 산과 들은 정말로 아름답기 짝이 없다. 등산길에서 만나는 봄날의 풀이며 나무 이파리는 희망의 상징이며 보기만 해도 풍요가 넘쳐난다.

새싹을 보고 다양한 생각을 하며 기뻐하던 일이 가슴을 설레게 한다. 새싹은 언제 보아도 가슴 설레며 아름답기 그지없어서 좋다. 유등천 시냇가 조약돌 위에 알을 낳아서 새끼를 키우는 종달새 울음소리를 그리는 계절이다.

지금이야 건물과 시설물로 가득한 인공의 시냇가지만 나의 어린 시절에는 자연적인 시냇가였다. 봄이 오면 어디에서 날아왔는지 종달새가 진종일 지저귀며 하늘 높이 나른다. 봄날의 교향곡처럼 천지사방의 숨결이 찬란하게 들리는 아름다운 한 폭의 그림 같았다. 봄날의 새들의 노래 소리는 어느 음악보다도 듣기 좋고 멋이 있어 행복하다.

초등학교 시절 논둑에 집을 짓고 울어대던 새들의 울음소리도 듣기 좋았다. 시냇가에서 다양한 새들의 울음소리를 신나게 들으면서 자갈 위를 친구와 걸으며 이야기를 나누던 기억도 새롭다. 친구 이야기와 사사롭게 어제 놀던 이야기를 주로 나누었다. 어린 시절 봄날에 산과 들과 냇가를 마음껏 다니면서 순진하게 놀던 일은 정말로 아름다울 뿐이다. 나의 어린 시절의 봄은 모든 것이 아름답고 추억으로 남아 있을 뿐이다.

얼마나 다행스러운 일인지 모른다. 요즘 청소년들은 삭막한 도시에서 살면서 컴퓨터 게임을 하며 생명의 고귀함을 잊고 경솔하게 부담 없이 시간을 소비한다. 인간의 존엄성을 상실하고 사람 귀한 줄 모르는 것이 참으로 안타까울 뿐이다. 게임을 통해서 쉽게 상대방을 죽이기도 하고 이기기도 하면서 기분을 전환하고 여유를 찾으며 생활해간다. 이들은 나의 어린 시절 자연 속의 봄날을 상상할 수 없을 것이다.

내년 봄날에는 내가 좋아하는 진달래와 할미꽃 그리고 다양한 야생화가 향기를 풍기며 아름다운 꽃을 피워서 제 몫을 다할 것을 기대해본다. 아무쪼록 봄 농사는 풍년이 들어서야 농민들도 기쁘고 소비자들도 기분 좋은 날이 오기 마련이다. 봄은 풍년과 여유를 창조하는 계절이기도 하다.

아가씨들이 봄바람 난다는 말처럼 봄은 항상 설렘과 그리움이 넘쳐흘러서 아름답다. 내년에 새롭게 맞이할 봄날에 전국으로 여행도 떠나고 집 주위 산도 자주 올라가서 봄의 기분을 만끽하면서 기분 좋은 시간을 보낼 것이다.

봄날의 여행은 항상 설렘과 기다림이 있어 좋다. 평소에 찾고 싶었던 아늑하고 정겨운 풍경이면 그만이다. 어린 시절 뒷동산에 올라가서 진달래를 꺾고 이름 모를 풀꽃을 바라보며 좋아하던 일이 항상 새롭다. 이름 모를 들꽃이 핀 것을 보며 꽃잎에 담겨 있는 색깔을 보고 냄새를 맡으면서 향기에 취해서 한참을 멍하니 서 있던 시간이 몹시 소중하다. 아름다움을 마음속에 고이 간직하고 있기 때문이다.

다가오는 내년도 봄날에는 진정으로 자연의 아름다움과 고마움을 만끽하면서 여유로운 시간을 보내고 싶다. 따스한 낮에는 자연의 꽃과 풀들과 이야기를 하고 달빛 고요한 밤에는 책을 읽고 글을 쓰면서 시간을 보낼 것이다. 봄은 항상 여유가 넘쳐흐르며 생명을 아름답게 키워가기에 소중한 것 같다.

만물을 창조하고 키워가기에 부족함이 없으며 여유가 있기 마련이다. 봄을 싫어하는 사람이 없는 이유도 모든 것을 포용하고 소망을 만끽하면서 여유로움을 갖기 때문이다. 봄에는 아름다운 시를 읽고 정겨운 글을 부지런히 쓰고 싶어진다.

평범한 일상 속에서 사색을 통하여 인생을 생각하면서 글을 쓰고 명상에 빠져들 수 있음은 다행스러운 일이다. 일상이 항상 분주하며 할 일이 넘쳐서 바쁘게 살아가는 사람들은 선택받은 자들이다. 할 일이 없다면서 빈둥거리며 낮잠을 자며 시간을 낭비하는 사람들은 정말로 참된 삶을 영위해가지 못하는 불쌍한 사람들이다.

한시라도 의미 있는 곳에 최선을 다해서 시간을 쓸 수 있는 사람이 되어야 한다. 짧은 봄날의 아름다움처럼 인간도 삶을 가치 있고 보람되게 보내려는 노력을 하는 것이 중요하다. (2010.12.23.)

17. 추운 겨울날의 외출

　오늘이 30년 만에 제일 추운 날이란다. 강원도 대관령은 영하 20도까지 내려갔단다. 대전도 영하 10도까지 내려갔다 조금 올랐다 한다. 제주도 한라산은 폭설이 35cm까지 내려서 중턱까지 흰 눈이 쌓여서 등산을 통제한다는 소식이다. 서해안은 계속해서 눈이 내리고 바람이 거세다. 내일까지 지금처럼 춥고 모레부터는 날씨가 풀린단다.

　겨울은 역시 추워야 제 맛이 난다. 우리나라의 50년대는 경제적으로 무척 가난했던 시절이다. 놀 데라고는 겨우 시냇가 얼음판이나 언 논에서 썰매를 타거나 장난치는 것이 전부였다. 어른들은 방에서 화투놀이를 하거나 윷놀이를 하였다. 출출하면 전 부친 것을 안주로 막걸리를 마시면서 여유시간을 보내셨다.

　어린이들은 그저 어른들 놀이를 구경하거나 밖에 나가서 자치기와 비석치기를 하면서 놀았다. 시냇가와 논으로 나가서 썰매를 타거나 눈싸움을 하면서 시간을 보내기도 했다. 나는 어렸을 때에 유난하게 친구들과 심한 놀이를 하면서 시간을 보냈다. 나의 어린 시절 놀이는 친구들과 편을 짜서 집단게임을 즐겨하였다. 어린 시절의 모든 놀이는 참여자 모두가 마음을 한데 모아서 즐겁게 즐기면서 보냈기에 지금도 생각하면 그립고 그리워진다.

오늘도 나는 침실의 추위를 느껴 이불 두 채를 덮고 잔다. 춥다고 방 안에서 꼼짝 않고 책을 읽거나 쉴 수만은 없는 일이다. 약속한 일 때문에 시내로 나왔다. 모처럼 만에 시내버스를 십 분 정도 기다리는데 추위 때문에 여간 고통스러운 일이 아니었다.

행사에 참석하고 옛 친구를 만나기 위해서 시내 한복판으로 나왔다. 바람이 사납고 날씨가 이렇게 추운 날을 최근에 처음으로 경험한다. 물론 어린 시절의 추위와는 비교할 수 없을 만큼 온화한 날씨지만 무척 추웠다. 어렸을 때는 추위에 차가워진 손을 어머니께서 잡아주시던 생각이 난다. 항상 입을 것과 먹을 것을 걱정하시면서 챙겨주시던 감사한 마음이 가슴에 와 닿는다.

잘못이나 실수 모두를 이해해주고 사랑으로 감싸주시던 어머니의 사랑은 생각만 해도 가슴이 뭉클하다. 흔히들 어머님의 사랑은 한이 없다는 말을 자주 사용하는 이유인 것 같다. 어머님은 모든 일을 자식을 위해서 솔선수범하시고 헌신적으로 살아오셨다.

무조건 자식들을 아끼고 사랑하시면서 자신을 희생해 오신 어머님에 대한 보답을 거의 하지 못한 것이 가끔씩 후회가 된다. 너무 마음 아프고 잘못됨이 많았기에 쉽게 잊혀지지 않는다.

지금이야 시내버스가 자주 다니고 누구나 집에는 자가용 승용차가 있어서 외출하기가 어렵지 않다. 초등학교 시절 이맘때면 해가 저문 저녁에 5km 정도를 걸어서 아버지와 큰아버지 집으로 제사를 지내러 가던 일이 생각난다. 제사 음식은 나이든 사촌언니와 큰어머니, 작은어머니가 준비하기 마련이다.

추운 겨울날 여자들의 고통이 매우 심했던 시절이다. 집안의 4촌

형제들이 다 모여서 밤 한 시에 제사를 지내고 밥을 먹던 기억이 새롭다. 당시에는 간식거리가 없어서 저녁식사 후 간식을 하지 않다가 제삿밥을 먹으니 맛이 일품이었다. 집 앞의 우물물을 퍼서 찬물로 정신이 번쩍 나게 세수하던 일이 생각난다.

그 시절 제사 준비를 하면서 음식 준비를 하시던 큰어머니와 작은 어머니들은 이미 고인이 된 지 오래다. 1950년대의 우리나라는 대부분이 유교의 관습에 따라서 조상에게 제사를 지내던 때이다. 초등학교 시절에 마을에 있는 교회를 크리스마스 때에 친구들과 찾아간 기억이 난다. 예배를 올린 후 참석자에게 조그마한 과자를 나누어주기에 그것을 받아먹기 위해서였다.

오늘이 크리스마스라서 젊은이들의 들뜬 마음은 상점가와 음식점을 찾게 한다. 활력이 넘치고 경제적으로 여유가 있어 잘 먹고 잘 입어서 모두가 여유가 있어 보여서 행복해 보인다. 지하상가를 지나니 행인들의 눈길을 끌 수 있는 장식을 하고 진열을 매력적으로 해놓은 것이 인상적이다.

남녀노소가 자유롭게 관심 있는 물건을 만져보고 가격을 물어보며 구입하지 않고 그냥 가도 감사하다고 인사하는 종업원의 친절이 다행스럽다. 상인들의 예절과 손님을 대하는 자세가 잘 이루어지고 있다.

옛날에는 귀한 상품을 마음대로 만져보거나 고를 수 없었다. 어떻게 하다가 부득이 만지게 되면 구입하여야 했던 시절이다.

그래도 어머니와 함께 시장을 가서 옷을 사던 기억이 아름답고 그리운 것은 쉽게 갈 수 없었던 시장을 갔기 때문이다. 추억이 깃든 어머니와 함께 했던 일들은 모두가 소중하고 그리워진다. 지금은 자식들과 같이할 수 없는 추억들이다.

커피숍에 들러서 차 한 잔하면서 이런저런 이야기를 나누는 일도 여유 있고 재미있는 일이다. 커피 한 잔에 케이크 한 쪽을 먹으면서 다양한 이야기를 한 시간쯤 나누다 일어선다. 일상적인 이야기와 내년의 경제며 정치 이야기를 나누며 시간을 보낸 후에 집으로 돌아왔다. 분주했던 오늘의 외출은 후일 추억으로 그리워질 것이다.

만나서 반갑고 정다운 사람들이 주변에 많이 있는 것은 인생을 행복하게 살 수 있는 여건을 조성한 사람들이다. 나는 비교적 많은 사람들과 교류를 하면서 살아왔다. 때로는 손해도 보고 후회하는 일도 생겼지만 인간은 다양하게 살아가는 것이 멋이 있다.

추운 겨울이 지나가고 따사로운 내년도 새봄이 오면 어린 시절의 추억을 다시 만들어보는 놀이에서부터 깊은 사색의 시간을 가져보려 한다. 올겨울에는 서재에서 더 많은 책을 읽고 글을 쓰면서 시간을 보낼 생각이다. (2010.12.25.)

18. 辛卯年(신묘년) 새날에

해마다 맞이하는 새해이다. 금년은 지속되는 추위 속에 돈 없는 가난한 사람들이 걱정되는 해다. 자식 노릇을 전혀 하지 않는, 어디서 사는지도 모르는 자식이 생존해 있다는 것만으로 생활보호대상자 지원을 받지 못하고 굶주리며 떨면서 지내는 독거노인이 예상외로 많은 현실이다. 이들을 지원해줄 수 있는 새로운 법제도의 개선이 절실하다.

토끼띠인 신묘년이라서 사람들은 토끼의 지혜로움처럼 경제 사회적으로 슬기롭고 지혜로운 새해가 되길 바란다. 자금부족으로 인해서 능력이 있는데도 하고 싶은 일을 못해서는 안 될 일이다. 없는 사람에게는 필요한 자원을 우선적으로 지원해주며 일터를 만들어주어야 한다. 병마에 시달리는 사람에게는 치료를 통해서 건강을 회복시켜주고 희망을 주는 일이 우선이다.

현실적으로 일터 찾기는 너무 어려운 실정이나 분수에 맞는 적절한 일터를 찾아 일하려는 자세를 가져야 한다. 우주만물은 항상 제 위치에 있으나 사람들은 변화하는 세월에 희망과 꿈을 키워가기에 분주하다. 지난해에 못 다한 일을 하고 이루지 못한 일이 원만하게 이루어지길 바라고 있다.

어차피 시간은 흘러가기 마련이고 역사는 변화하기 마련이다. 다만 자신이 기대하고 소망하는 대로 변화하지 않을 뿐이다. 우리 조상들은 동화 속의 토끼를 사랑스럽고 아름답게 여겼다. 달 속에서 떡방아를 찧으며 풍요롭게 살고 있는 토끼를 그리워하며 사랑해왔다. 마치 한 편의 동화처럼 세상은 재미있고 우연하게 이루어지지 않는다. 때로는 본의 아니게, 전혀 생각하지 않았던 사건이 벌어져 고통을 받기도 한다.

최선의 노력을 다하여야 결과가 생기기 마련이며 설혹 결과가 못마땅해도 최선을 다해서 살아가는 일이 중요하다. 신묘년 새해에는 지난해에 이루지 못한 다양한 인간관계를 돈독하게 하며 자신에게 주어진 일이 주위 사람들에게 나아가서 국가와 사회를 위해서 크게 기여할 수 있는 일이 되길 바란다.

진정으로 인류평화와 자유를 위해서 미력을 다할 수 있는 삶을 영위해가야 한다. 길을 묻는 행인에게 친절하게 길을 가르쳐주고 무거운 짐을 든 사람의 짐을 받아주는 마음이 필요한 때다.

자신이 할 수 있는 일을 최대한으로 찾아서 실천하는 자세가 필요하다. 아직도 아프리카를 비롯해서 세계는 8억 명의 사람이 먹을 식량부족에 고통을 받고 있다. 마실 물이 부족하고 먹을 음식이 없으며 하찮은 질병 때문에 목숨을 잃어가는 사람들이 많은 실정이다. 이들을 위해서 조금씩 나눠주고 지원해주는 생활화가 절실하다.

아낄 수 있는 물자를 절약하고 돈을 만들어서 절박한 사람들에게 지원해주어야 한다. 간식비를 아껴서 지원해주므로 죽어가는 생명을 살릴 수 있음은 크나큰 축복이다. 이는 주변의 사소한 일에 관심을 가질 때에 가능하다. 사람에 대한 관심을 갖고 사랑하며 그 후에 동물과 식물 등 자연에 대한 관심을 실천해가야 한다. 무관심에서 깊은 관심과 사랑을 갖고 이웃을 생각하고 도와주면서 살아가는 자세가 어느 때보다도 절실하다.

자신이 베풀 수 있고 도와줄 수 있는 일은 우리 주변에 너무나 많다. 다만 무관심하고 외면하기에 모를 뿐이다. 관심은 사랑의 씨를 심을 수 있으며 사랑의 씨는 인류의 평화와 행복을 위해서 성장해갈 수 있다. 누구나 할 수 있는 작은 일에 관심을 가질 때에 실행할 수 있다.

우리는 항상 무한한 사랑의 씨를 심기에 최선을 다하면서 살아가야 한다. 일상에 대하여 행복해하고 감사하면서 최선을 다해서 살아가는 자세를 가져야 한다. 사랑하는 마음으로 이웃 간에 관계를 증진시키고 여유 있는 마음으로 살아가야 한다. 하루에도 수없이 자신이 남을 도와줄 수 있는 일들이 생기기 마련이다. 문제는 주위에 대하여 관심을 갖는 자세이다. 이를테면 길을 묻는 사람에게 알아듣도록 친절하고 자세하게 설명해주어야 한다. 무거운 짐을 들고 가는 사람을 도와주려는 마음을 가져야 한다.

수많은 일들을 남을 도와주면서 살아갈 때에 지금보다 더 행복할 수 있다. 다만 실천을 하지 않을 뿐이다. 하루를 보내고 나면 오늘 행한 일에 대하여 평가하고 부족한 일은 내일 하려고 생각하며 잘못한 일은 다시는 하지 않도록 반성하는 시간을 만들면서 살아가야 한다.

신묘년 새해에는 시간낭비를 없애기 위한 철저한 계획을 세워서 성실하게 생활해가야 한다. 시간운용에 대한 강한 의지를 갖고 하루하루를 뜻대로 가치관에 맞게 살아가도록 노력하여야 한다. 현실적으로 불가능한 계획을 수립하려는 과욕을 버리고 가능한 능력과 의지에 따른 일과를 만드는 일이 중요하다.

촌음을 아껴 쓰며 의미 있는 일에 최선을 다하는 삶을 새해에는 살아가야 한다. 한없는 미래를 꿈꾸면서 차근차근히 실천해가려는 성실하고 겸허한 자세를 확립해야 한다. 글로벌시대의 무한경쟁에서 반드시 승리할 수 있는 분야를 개발하기 위해서 최선을 다하여야 한다. 신묘년 새해에는 병마에 시달리는 사람이 없으며 자신의 능력을 충분히 발휘하여 행복을 창조하는 새해가 되길 바란다.

모든 사람이 서로를 사랑하고 이해하면서 여유 있게 살아가려는 마음을 가져야 한다. 토끼처럼 부지런하고 관심과 사랑을 받으면서 최선을 다하면서 열심히 살아가는 일에 최선을 다하여야 한다.

과욕으로 많은 경비와 시간을 낭비하는 일은 없어야 한다. 이룰 수 없는 과욕은 무관심만 못하다. 불가능한 과욕으로 자신을 지치고 힘들게 만들어 결국은 병들어 세상을 하직하게 된다.

실망에 따른 불평과 자신에 대한 과소평가는 자신의 발전에 결코 도움이 되지 않기 때문이다. 자신의 역량에 맞는 실현 가능한 신년계획을 수립하여 성실하게 실천해서 사회와 국가를 위해서 기여할 수 있어야 한다. 새해의 아름답고 여유로운 계획이 자신은 물론 세상을 행복하게 만들 수 있어야 한다. (2011.1.2.)

19. 슬픈 워낭소리

　인간은 자연의 섭리를 존중하면서 그 원리 속에서 살아가는 방법이 일반적으로 현명할 수 있다. 따스한 햇살이 비치는 봄날에 꽃이 피고 새싹이 돋아나듯이 때를 맞춰서 생활해가는 일이 중요하다. 따사로운 봄볕이 비추면 꽃씨를 뿌리고 퇴비를 주면서 작물을 키워가듯이 시절에 따라서 함께하는 마음과 자세가 필요하다.

　최근에 서울과 제주도를 제외한 전국이 땅에는 구제역, 하늘에는 조류인플루엔자(AI)가 번지고 있어 민심이 흉흉하다. 설을 앞두고 흉흉해진 사회 분위기가 걱정스럽고 농민들의 마음을 위로할 길이 없다. 정육점은 고기가 팔리지 않아 휴업 상태란다. 구제역은 네 발 달린 짐승의 입과 발굽에 물집이 생기는 바이러스성 전염병으로 치사율이 반이 넘는 무서운 가축전염병이다.

　가축사육을 직업으로 하는 농·축산민들은 대재앙을 맞아서 가슴을 태우며 어쩔 줄을 모른다. 구제역에 걸린 가축을 더 이상 매몰할 만한 빈 공간마저 찾기가 쉽지 않다는 보도다. 어디를 가나 방역하는 사람들은 말할 것도 없으며 하루에도 몇 군데 방역지점을 통과해야 하는 운전자들도 스트레스에 시달린다. 구제역에 걸린 가축을 매몰

처리한 어느 여자공무원은 꿈에서 파묻은 소, 돼지가 나타나 고통에 시달리고 있다.

수의사공무원 10여 명이 구제역방제에 시달리다 사표를 냈다. 구제역은 50도 온도에서 병균이 사라지나 소비자들의 의심이 부풀어서 아예 국산 소고기를 먹지 않고 외국산 수입소고기를 사 먹는 실정이다. 여기에다 상인들은 설명절을 대비해서 물량을 축적하여 가격이 15% 이상 급증한다는 소식이다. 모든 사람이 구제역에 대한 자성과 문제해결을 위한 넉넉한 마음이 절실하다.

어떤 일이 벌어졌을 경우 감정보다 냉정한 이성으로 생각하는 여유를 가져야 한다. 영화 '워낭소리'의 마흔 살 된 소는 팔순 농부의 베스트 프렌드이자 유일한 농기구이고, 유일한 자가용이었다. 수명을 다 하고 죽어간 소를 묻어주는 농민의 그 마음이 어땠을지 내 가슴을 뻐근하게 하였다. 무지한 농민이 소를 사육하면서 마치 제4물결가치를 실현하는 것 같은 인상을 받았다. '워낭소리'의 농부와 같은 슬픔과는 격이 다르지만, 구제역이 휩쓸고 간 양축농가는 말로 다 할 수 없는 비통함과 경제적인 어려움으로 수심이 깊을 수밖에 없다.

물가는 오르고 구제역에 취업난으로 어수선한 사회 분위기가 안정을 찾을 수 있는 방안 마련이 절실하다. 워낭소리는 다큐멘터리 독립영화로 2009년 1월 15일에 개봉했으며 상영 46일째에 관람자 200만 명을 돌파하여 한국 독립영화 사상 최고 기록을 세웠다. 경북 봉화 산골의 노인 부부와 그들이 키우는 나이 먹은 일소의 마지막 몇 년간의 생활을 담은 내용이다.

워낭은 소나 말의 턱 밑에 매어놓는 방울을 뜻한다. 워낭소리 영화는 관람객 수 293만 명에 수익금 190억 원의 기록을 세웠다. 이번 구제역으로 우리나라 축산농민의 피해가 1조 원을 넘고 있다. 우리나라의 구제역 바이러스는 지난해 봄 일본 미야자키 현에서 발생했던 것과 유전자가 동일하다. 정부 당국은 이번 구제역 사태 초기에 바이러스가 동남아지역 국가로부터 유입된 것으로 추정하고 있다. 해외여행 시 농·축산인의 각별한 주의와 교육이 필요하다.

이웃 일본은 지난해 4~7월 남부의 미야자키 현에서 구제역으로 약 28만 9,000마리의 소와 돼지 등이 살처분됐다. 일본의 구제역 처분을 참고해서 조속하게 처리했어야 했다. 우리나라의 늦장대응과 소극적인 대책이 문제다. 7일 경기도 포천시 이동면 노곡리 백운한우영농조합법인 목장에 구제역 재앙이 덮쳤다. 이날 목장주인은 396마리의 소를 가슴에 묻고 슬퍼했다. 지난해 11월 말 경북 안동에서 구제역이 발생했다는 소식을 듣고 그는 24시간 목장에서 살았다. 사료차 외에는 아무도 목장에 얼씬거리지 못하게 했고 구제역 예방 백신을 접종했다.

6일 새벽 축사 안의 소 3마리가 침을 흘려 죽음을 기다린다고 했다. 좋은 한우를 키워보자며 30년간 소와 함께 살아온 주인은 막막하기만 했다고 한다. 소가 끄는 달구지에 타고 세상을 헤쳐 가고 있는 농민들의 비참한 실정이다. 소를 자식이자 어떨 때는 친구처럼 대했던 그들의 심정이 오죽하겠는가.

정성을 쏟아 최고급 사료를 수북이 담아 마지막 가는 길을 배불리 먹고 가라고 눈물로 애원하는 농민의 마음을 어떻게 위로할 길이 없다. 이 농민은 "잘 가라 내 새끼야, 좋은 곳에서 다시 만나자"라며 눈물을 흘렸다는 보도다. 구제역으로 죽어 나가는 자신의 목숨 같은 소의 건강한 사육을 위해서 정부의 체계적인 방역과 신속한 정보관리가 절실하다.

피해농민들에게 충분한 보상과 위로를 해주고 앞으로 다시 소와 돼지를 마음 놓고 사육할 수 있는 대안을 마련해주어야 한다. 평화로운 농촌에 다시는 워낭소리가 자유롭게 들리게 만들어야 한다. 네 발 달린 소, 돼지뿐 아니라 모든 가축이 건강하게 성장해갈 수 있는 방법을 모색하는 일이 중요하다.

역사적으로 볼 때에 소는 희생과 헌신봉사의 상징으로 우리 농민과 함께 해왔다. 항상 주인의 지시에 복종하며 진종일 같이 활발하게 일을 했다. 우리 한민족은 소와 함께 영농을 하며 살아왔다. 애경사를 비롯해서 집안에 큰일이 있을 때마다 소를 판매해서 자금을 마련하여 문제를 해결해왔다.

송아지를 낳으면 자식 돌보듯이 정성과 사랑으로 사육해온 생명 같은 소를 처분하는 농민의 마음이 얼마나 고통스러운가를 생각하여야 한다. 축산농민의 마음을 위로해주고 새 희망을 주는 일이 우선이다. 건강한 한우를 양축할 수 있는 농민의 소망을 이루게 해주어야 한다.

정부는 가축기금을 조성하여 양축농가에 지원해주고 다각적으로 기술을 개발하여 구제역을 방지할 수 있게 하여 농민에게 희망을 주어야 한다. 농·축산업은 다른 산업처럼 단번에 문제를 해결할 수 없으며 소, 돼지처럼 성장하는 데 몇 년 이상이 걸리기 때문에 특별한 대책을 하루속히 세워야 한다.

농·축민들이 밤새워 소와 돼지를 바라보며 눈물을 흘리는 현실을 극복할 수 있도록 사랑과 위로로 함께하는 사랑의 마음이 절실하다. 어려움과 고통은 함께 위로하므로 극복할 수 있으며 내일의 꿈을 향해 일할 수 있어야 한다. 새봄이 오면 구제역도 사라지고 새싹 돋는 푸른 풀처럼 활기 넘치는 농·축산업이 발전하길 바랄 뿐이다.

인간과 가축과 작물이 함께 슬기롭게 살아가는 아름다운 터전을 위해서 지혜를 함께 모아가야 한다. 이 땅에 수시로 다가오는 비극의 구제역 때문에 아름다운 워낭소리를 더 이상 들을 수 없어서는 안 될 일이다. 낭만과 풍요의 상징처럼 되어 버린 워낭소리가 은은하게 울려 퍼지는 농촌의 아름다운 풍경이 하루 속히 이뤄지길 바랄 뿐이다. 부분적으로나마 농촌에 아름다운 워낭소리가 단절되는 비극은 없어야 한다. (2011.1.10.)

20. 추위를 사랑으로

올겨울은 몇십 년 만에 찾아온 매서운 추위로 없는 사람들이 심한 고통을 받고 있다. 추위는 의식주가 넉넉하여 부족함이 없는 사람은 덜하나 그렇지 못한 가난한 사람들은 지내기가 어렵다. 추위를 극복할 수 있는 다양한 방한 자료가 필요하기 때문이다.

입을 옷과 먹을 음식을 비롯해서 잠자고 쉴 집이 따뜻하고 넉넉하여야 한다. 올해는 추운 겨울에 온 국민이 구제역 공포로 소, 돼지고기를 먹을 것을 기피하는 현상이 나타나고 있다. 실제로는 구제역은 50도 온도에서 병균이 죽기 때문에 전혀 문제가 되지 않는다. 많은 사람들이 혹시나 하는 걱정으로 소, 돼지고기 먹기를 걱정하고 있다. 소, 돼지고기 값이 50% 정도나 올라서 소비자들이 소비를 더 줄이고 있다.

문제는 소비자가 아니라 소, 돼지를 사육하는 농민들의 생계가 걱정이다. 하루아침에 수십 년을 길러온 소, 돼지를 땅에 묻어야 하는 농민들의 마음이 너무 아프다. 자신의 생명 같은 애착을 갖고 지극 정성으로 길러온 삶의 터전이기 때문이다.

호남 어느 지역에서는 노인 부부가 평생을 소를 기르면서 살아왔다. 80이 넘은 노부부는 소 두 마리를 정성껏 기르고 있다. 마치 자신의 자식처럼 정성과 사랑으로 키우고 있다. 우사에는 찬바람이 들어가지 않도록 비닐로 두세 겹을 쳐주고 사료는 할머니가 직접 죽을 끓여서 주고 있다.

지극한 정성으로 소를 기르는 장면을 텔레비전을 보면서 코끝이 찡해진다. 인간의 무한한 사랑과 직업에 대한 열정을 생각하게 해준다. 사람이 자신의 하는 일에 집념을 갖고 최선을 다하면서 살아가는 일은 아주 행복하기 때문이다. 잠자리에 들 때나 일어서면 먼저 우사로 달려가서 자신이 사육하는 소, 돼지가 건강한가를 살펴본다.

요즘 젊은이들은 선배들의 이 같은 직업에 대한 애착과 집념을 갖고 살려 하지 않고 단순하며 편리하게 살아가려 한다. 아무리 물질문명이 발전하더라도 가끔은 이 세상의 모든 것의 본질을 생각하며 존중해주어야 한다.

그런데 세상은 자신의 가치와 취향이 맞지 않으면 서로 만나지 않고 다르게 살아가려는 경향이 강하다. 아직도 제도의 모순으로 추운 겨울에 따뜻한 방은 고사하고 썰렁한 냉방에서 추위에 떨며 고통받는 노인들이 있다. 실제는 아들이 연락 없이 전국을 떠돌면서 홀로 살고 있으나 호적에는 호주로 남아 있어 동사무소에서 극빈자 지원을 해주지 않고 있다. 문제는 형식적인 문서보다 실질을 중시하는 행정을 구현하여야 한다.

이들은 정부의 지원을 못 받고 추운 방에서 겨울을 나고 있다. 지금까지 자식의 행방을 모르는 이들에게 따뜻한 위로의 말과 함께 맛있게 먹을 수 있는 음식을 나누어주는 일은 진정한 사랑의 시작이다. 이를 공공기관에서 제도적으로 할 수 없기 때문에 개인이나 집단에서 반찬 등을 지원해주고 있다.

사랑은 어떠한 감정이나 체면보다 현실에 근거해서 착실한 실천을 할 때만이 가능하다. 아무리 춥고 고통스러워도 이러한 참사랑을 실천해갈 때에 근본문제를 해결해갈 수 있다. 아직 따스한 봄날이 오기에는 많은 기다림이 있어야 하나 어려운 이웃과 함께 살아가려는 복스러운 인간미를 이럴 때에 실천해가야 한다.

인간의 삶은 어려운 이웃에게 사랑과 위로의 눈길을 주면서 실천해가는 자세가 바람직하고 가치가 있다. 물론 추위뿐만 아니라 경제, 사회, 문화적으로도 많은 문제가 있는데 이를 원만하게 해결해주기 위한 사랑과 노력이 필요하다. 이를 위해서 미력과 정성을 다하려는 마음이 절실하다.

겨울이 지나가면 따뜻한 봄이 오듯이 사람도 고통과 어려움을 이겨내면 넉넉한 여유가 오기 마련이다. 어려움의 고통을 도와주는 일로 극복해가듯이 추운 겨울을 따뜻하고 넉넉한 사랑을 나누면서 극복해가야 한다. 나도 가끔 2층으로 올라가서 거실에 있는 60여 개의 화분에 심겨 있는 꽃들을 바라보면서 따뜻한 새봄이 오면 밖의 옥상으로 내놓아서 이들이 따스한 봄볕을 받으면서 무럭무럭 자라길 바랄 것이다. 봄을 꿈꾸고 있는 화분의 꽃들을 바라보면서 가끔은 아름다운 꿈을 나와 같이 꿔보자고 생각해본다.

추운 겨울은 가진 사람들은 따뜻하고 넉넉하게 보낼 수 있으나 문제는 없는 사람들이다. 먹고 입을 것을 걱정하고 생활비를 마련하기 위해서 매일매일 걱정하는 사람에게는 취향을 즐길 수 없으며 늘 불안하고 부족함을 걱정한다. 문제는 눈앞의 물질이기 때문에 이를 정신력으로 극복하고 차원 높은 미래를 꿈꾸면서 살아가려는 마음을 가져야 한다. 물론 때로는 꿈이 꿈으로 끝난다 하더라도 그것을 생각하던 시간은 아름답고 넉넉하다.

삶을 현실보다 또는 물질보다 더 높은 미래를 바라보면서 현명하고 아름답게 살아가는 현명함이 절실하다. 나도 금년의 추운 날 많은 시간을 따뜻한 거실에서 글을 쓰고 책을 읽는 시간을 많이 보낼 수 있음을 다행스럽게 생각한다. 만족과 행복은 실제보다 사고와 인식문제다.

현실적으로 부족하고 불만스러워도 정신적으로 넉넉하고 만족스러운 사고를 가질 때에 행복은 찾아오기 마련이다. 추운 겨울날 산보도 하고 추위도 느껴보면서 시간을 가질 수 있음이 다행스러운 것도 다 여유 있는 마음 때문이다. 금년의 추운 겨울날에 원고를 열심히 쓰고 책을 눈 아프게 읽을 수 있는 것도 커다란 행복이다. 집 안에서 추운 겨울을 나고 있는 화분의 꽃들을 바라보면서 마음속으로 대화할 수 있는 시간도 퍽이나 행복스럽다.

분명한 것은 이들 꽃들이 겨울을 잘 넘기고 2층 옥상으로 나가서 따뜻한 봄빛을 받으면서 무럭무럭 잘 자라날 때에 나는 기뻐하면서 물을 뿌려주고 퇴비 같은 거름을 주어서 잘 자라나도록 할 것이다.

추운 겨울날의 사색은 따사로운 봄볕을 받으면서 잎과 줄기를 키워가는 풀과 나무를 보고 생명의 고귀함을 절감하며 기뻐할 수 있음이다. 나는 이 겨울이 다가기 전에 해야 할 일이 너무 많다. 교재를 만들기 위해서 전문원고를 쓰는 일이다. 물론 지금도 매일같이 신문 사설과 칼럼을 쓰기에 부지런하다. 다행스럽게도 취미로 쓰기 때문에 스트레스와 부담을 느끼지 않는다.

인간이 자신이 하고 싶은 일을 취미처럼 할 수 있는 직업을 선택하면 아주 행복한 삶을 영위해갈 수 있다. 반면에 하기 싫고 짜증나게 일하면 병이 생기기 마련이다. 결국은 불행한 삶을 살 수밖에 없다.

견디다 못해서 술을 마시고 담배를 피우다가 건강을 망치게 된다.

나에게는 항상 즐겁고 아름다운 일만 있어서 너무 감사할 뿐이다. 모두가 조상님의 선덕이 아닌가 생각한다. 부족하고 모자란 자신을 넉넉하고 풍부한 지식과 삶의 지혜를 위해서 최선의 노력을 다하면서 열심히 살아가려고 한다. 지식과 지혜를 배우고 실천하기에 부지런히 시간을 보내는 즐거움을 만끽하며 살아가야 한다. 물욕이나 권력과 거리가 먼 삶을 살아온 것은 지금의 여유와 행복을 느끼게 해준다.

인간이 항상 조그만 일에 감사하고 만족하면서 살아갈 수 있음에 감사할 뿐이다. 유물의 많고 적음은 마음먹기에 달려 있다. 욕심이 과한 사람과 적은 사람의 경우 물질의 만족도가 하늘과 땅만큼 차이가 나듯이 엄청나다. 내심의 기준을 적게 할수록 여유가 넘쳐나는 만족과 행복을 누릴 수 있다.

공수래공수거라는 말처럼 모두가 부질없는 욕심이기 때문에 과욕을 버리고 무소유의 넉넉함과 만족함을 만끽하며 살아가는 여유가 필요하다. 욕심은 한이 없지만 욕심을 만드는 마음은 항상 조정할 수 있음을 알아야 한다. 가끔은 마음을 비우고 맑은 하늘을 바라보며 만족할 줄 알아야 한다. 그렇게 살아가는 사람은 참으로 여유 있고 행복하다.

우리는 진정한 행복을 위해서도 소유의 기준을 버리고 낮추면서 욕심을 최대한으로 버려야 한다. 마치 과식해서 소화불량으로 고통받던 일을 생각하여 부족한 듯이 적게 먹어 자신의 건강을 지키고 이웃과 나누는 아름다운 마음을 생활화하는 일이 중요하다. 자신의 건강도 지키면서 추운 겨울날을 따뜻하게 보낼 수 있는 진정한 지혜는 어려운 사람을 도와주고 기원해주는 일이다.

부족하고 빈 것은 성실하고 정직하게 최선의 노력을 할 때에 많이 채울 수 있기에 나름대로 가치가 있다. 빈 마음에 진실한 사랑을 실천할 수 있는 행복한 마음으로 살아가는 자세가 절실한 현실이다. 추운 겨울날이 우리에게 전달하는 나눔과 도움의 일상생활의 원칙을 실천하기 위해 최선을 다해야 할 것이다.

자신의 쓸 것을 최대한으로 줄이고 아껴서 꼭 필요한 사람에게 기쁘게 무료로 지원해줄 때에 보람과 기쁨을 만끽할 수 있음을 인식하여 이를 생활해가야 한다. 올해에 자주 오는 눈을 맞으면서 길가를 깨끗하게 쓸어서 지나가는 사람의 불편을 해결해주려는 작은 마음도 축복을 받기에 충분하다.

항상 마음속에 남을 도와주려는 생각을 갖고 실천해가는 자세가 필요하다. 이것은 축복이며 행복의 근원이 됨을 인식하여야 한다. 따사로운 금년 봄에는 아름다운 꽃을 정성껏 가꿔서 남에게 나눠주는 여유를 실천해가련다. 꽃을 나눠주는 마음은 아름답지만 받는 사람의 마음은 더 여유가 있기 마련이다. 돈보다도, 먹을 것보다도 한 그루 꽃을 나누어주는 일에 더욱 열심이어야 한다.

아름다운 꽃을 가꿔갈 때에 욕심을 버리게 되어 넉넉한 삶을 영위해갈 수 있다. 나는 가끔 꽃 기르는 일을 생각해본다. 정년퇴직 후 농촌에서 꽃을 기르고 싶다. 정성을 다해서 꽃씨를 뿌리고 가꾸어서 자라나는 모습을 보면서 기쁨을 찾고 피어나는 꽃을 보고 미소를 짓는 모습을 생각해본다.

피어난 꽃을 바라보는 시간은 무엇과 바꿀 수 없는 소중한 시간이다. 아름다운 꽃을 바라보면서 미소 짓고 기뻐하는 시간을 상상만 해도 가슴 설렌다. 꽃을 가꾸면서 무욕을 생각하고 깊은 사색을 통해서 진정한 아름다움을 만끽할 수 있음은 더 없는 행복이기 때문이다. 물론 독서를 하고 맛있는 음식을 먹는 일보다 꽃 한 송이를 가꾸는 즐거움이 더 클 것이기 때문이다.

초등학교 1학년 때에 화단에 코스모스를 심고 가꾸어서 분홍색 꽃을 피웠을 때에 무심코 바라보며 즐거워했던 기억은 오랜 세월이 흘러도 잊히지 않고 그리워진다. 집 안에 코스모스를 심고 물을 주며 키우면 빨간색, 노란색의 꽃을 피웠다. 너무 좋아서 한참을 쳐다보았던 기억이 새롭다. 꽃은 아름다움을 나타내지만 결코 보기 싫거나 미워지는 경향이 없다. 한없이 소중하고 멋있어 보일 뿐이다.

후일 시간이 있을 때에 화분에다 다양한 꽃을 심어 가꿔가는 일에 충실하고 싶다. 무슨 꽃이든지 다 아름다운 것은 꽃이 지닌 본질이 가식이 없어 미워할 요소가 없기 때문이다. 문인들이 꽃을 주제로 많은 글을 쓴 것도 따지고 보면 그 순수함이 전하는 아름다움에 대한 인식 때문일 것이다. 추운 겨울날에 따뜻한 봄날 피어날 꽃들을 생각할 수 있는 시간이 아주 소중하게 느껴진다. (2011.1.22.)

21. 아름다운 봄꽃의 준비

    추운 겨울을 무사히 지내고 아름다운 꽃을 피우는 봄꽃은 더없이 소중하며 아름다워 보인다. 봄날의 소중한 꿈을 결코 추위 때문에 저 버리지 않고 생명을 지켜서 따스한 봄날을 기다리며 내일을 노래하기 때문에 소중하다. 사람도 어려운 역경을 극복하고 당당한 자리에서 할 일을 해갈 때에 부러워하며 격려한다.

    대자연의 섭리를 생각하면서 충실하려는 노력은 세월의 흐름과 관계없이 지속되어야 한다. 자연이나 인간이나 시간의 운용은 공통점이 많은 것 같다. 따사로운 봄날을 기다리는 봄꽃은 아직은 뿌리와 가지를 찬바람에 잘 간직하며 꿈을 키워갈 뿐이다. 금년의 추위는 최근 몇십 년 만에 가장 추운 것으로 많은 식물들이 얼어 죽을 수밖에 없었다. 얼어 죽은 식물은 따사로운 새봄이 와도 잎과 꽃을 피우지 못한다. 인간도 봄꽃 같은 소망을 갖고 걱정 없이 넉넉하게 살아가면 행복할 뿐이다.

    없는 사람들은 추위에 떨면서 잠을 자야 하는 현실이니 고달플 수밖에 없다. 지나친 욕심을 버리고 현실에 감사하고 만족하면서 살아가기란 쉽지 않다. 일상적인 행복은 부족하고 적은 것에 대하여 만족하려는 노력을 하여야 한다.

땅에 묻힌 씨앗과 나무들이 따사로운 봄날을 기다리듯이 아무리 어려워도 내일의 소망을 갖고 이를 실현하려는 지속적인 노력이 절실하다. 설령 이루지 못하는 어려움이 있어도 목표를 달성하려고 최선을 다하는 노력에는 가치가 있다. 보잘것없는 까만 씨앗이 따사로운 봄철을 기다리며 아름다운 꽃을 그리듯이 소중한 시간을 기다리는 일은 소중한 일이다. 금년 새봄에는 건강을 위해서 등산을 자주 할 것이며 아름다운 꽃과 많은 대화를 해보련다. 마음과 눈으로 나누는 대화는 나름대로 매력이 있기 마련이다.

오늘의 청소년들도 봄날을 기다리는 봄꽃 같은 마음으로 설레며 열심히 살아가야 한다. 봄날 같은 희망을 갖고 성실하게 최선을 다해서 열심히 살아가는 자세가 중요하다. 목표를 그리면서 가능성에 자신감을 가질 때에 희열의 미소를 지을 수 있다.

무슨 일을 만나도 정정당당하게 대처할 수 있는 자신감도 아름다운 봄꽃 같은 마음에서 파생됨을 인식하여야 한다. 인간은 확신에 찬 희망을 가질 때에 매사가 자신이 있고 어려움과 고통도 쉽게 극복해 갈 수 있다.

봄날에 알을 낳아서 새끼를 친 새들이 부지런히 먹이를 잡아다 주듯이 우리도 아름다운 봄날을 맞이해서 다양하고 풍부한 활동을 통하여 많은 경험을 쌓고 배워가야 한다. 밤을 지새우며 독서하고 토론을 통해서 풍부한 간접경험을 획득하는 노력도 부지런히 하여야 한다. 매사를 최선을 다해서 노력할 때에 그 결과는 긍정적으로 자기 자신을 발전시켜가기 마련이다.

존경하는 선배님과 은사님에게 자주 인사도 올리면서 많은 대화를 나누고 현명한 지도를 받기에 부지런해야 한다. 선배들의 경험이나 지혜를 많이 받을수록 삶에 덕이 됨을 인식하여 원만한 관계를 유지해가야 한다. 사람의 직접경험에는 한계가 있기 때문에 이의 극복을 위해서 많은 대화를 나누어야 한다. 나도 따사로운 봄날이 오면 그동안 기르지 못했던 아름다운 꽃을 기르기에 충실하려 한다.

반드시 꽃은 기른 대로 꽃을 피우기 마련이다. 기를 수 없는 꽃들은 산과 들로 가서 직접 눈으로 보고 손을 만지면서 즐겨볼 계획이다. 어렸을 때에 따뜻한 봄이 오면 친구들과 산에 올라가서 꽃을 꺾고 피리를 만들어서 불면서 재미있게 시간을 보낸 일이 기억난다. 참으로 즐거웠고 아름다웠던 일이다.

마음을 비움으로 욕심이 없고 오직 순수한 마음속에 진실만을 담았다. 복잡하고 다양한 인간관계에서는 순수하고 청순한 대화를 유지해가기가 쉽지 않다. 올해도 변함없이 아름다운 봄날을 즐길 수 있는 다양한 계획을 수립해서 철저하게 추진해갈 것이다. 뒷동산에 올라가서 진달래와 할미꽃을 실컷 볼 것이며 시냇가의 송사리와 피라미도 재미있게 잡을 것이다.

이 세상에 존재하여 가치 있는 만물을 만끽하면서 사색할 수 있는 시간은 참으로 소중하다. 물론 때로는 반복되기도 하지만 감정의 변화로 차이점에서 오는 기쁨을 만끽할 수 있다.

금년에는 이 소중한 시간을 효율적으로 활용하여 더 많은 만물들과 대화하려 한다. 인간의 다양한 감정은 시간에 따라서 크게 달라지기 마련이다. 마음이 기쁘고 행복해질 수 있는 여건이 생길 때마다 최선을 다해서 만끽할 수 있는 노력이 필요하다. 복잡한 사회에서 잠시잠시 떠나서 조용하고 사색할 수 있는 꽃들을 바라보면서 산책하는 즐거움도 의미가 있다. (2011.2.2.)

22. 서해안 해수욕장을 걸으며

오랜만에 주말에 시간을 내서 서해안 바닷가를 산책할 시간을 가졌다. 내가 처음 대천해수욕장을 찾은 것은 지금부터 43년 전인 고교 2학년 때이다. 청소년 서클 회장직을 맡고 있어서 50여 명의 회원들과 공무원과 같이 3박 4일을 머물다 갔다. 물론 다양한 프로그램을 진행하면서 재미있는 시간을 보냈다.

이성에 대한 매력을 절감하면서 데이트를 하고 싶은 마음이 충만하기도 했다. 여고 2학년생의 밝은 미소와 매력적인 자태는 오랜 시간이 가도 지금까지 잊혀지지 않는다. 잔잔한 바다 물결을 바라보면서 신기하고 좋아했던 기억이 항상 마음속에 있다. 그 후 매년 한 번 정도 방문해서 즐기다 가는 정든 곳이 대천 앞바다다.

작년에도 잠시 들러서 회를 먹고 왔다. 정다운 사람들과 맛있는 회를 먹으면서 우정을 쌓으며 다양한 이야기를 할 수 있는 시간이 소중하다. 서해안은 항시 방문할 때마다 변함없는 바다의 물결이 정감 넘친다. 여름철은 여름날의 무더위를 물결을 몰고 오는 바람이 고맙고 시원하다. 물론 겨울에도 차가운 바람이 물결을 흔들면서 나름대로 시원한 정취를 풍겨준다.

바다는 사철 관계없이 항상 여유 있는 넉넉한 물결과 바람으로 풍만하다. 겨울 바다는 차가운 바람이 옷자락을 펄럭이지만 쌀쌀한 날씨를 만끽하면서 낭만을 만끽할 수 있어 좋다. 금년은 지구촌의 기후 변화로 대한이 지나갔는데도 추운 겨울 날씨는 봄을 맞을 여력이 전혀 없는 것 같다.

경제적으로 어려웠던 60년대에 돌아가신 할머니께서는 방 안에서 화롯불을 쪼이면서 소한 대한 넘어가면 얼어 죽을 사람 없다며 추위가 다 갔음을 이야기해주셨다. 근면하시고 성실하셨던 할머님은 때가 되어도 이웃에 놀러간 어머니께서 집에 돌아오시지 않으면 항상 식사준비를 하셨다.

서해의 추운 물결에 지나간 추억과 사연이 밀려오는 것 같은 기분을 느낄 수가 있었다. 추억도 환경에 따라서 달라지기 마련이다. 계속해서 서해안 지역에 흰 눈이 내리고 추위가 내륙지역보다 심한 편이다. 북극지방의 추위가 급격히 남하한 결과다. 지구촌의 기후가 공해로 인해서 다양하게 변화해가고 있어 안쓰럽다.

지금까지 겨울에 눈이 내리지 않은 전라도 최남단 해남 지역에도 눈이 내려서 고통스러워한다는 보도다. 그동안 대천해수욕장은 수없이 많이 갔다 왔다. 옛날의 터전인 구 시가지에서 대천어시장까지 걸어서 40분 정도 걸린다. 운동 삼아 찬바람을 맞으면서 걸어서 왕복보행을 했다.

탄탄한 방한복에 장갑과 방한용 구두는 바다의 추운 바람을 전혀 느끼지 못하게 한다. 다만 바깥으로 나온 얼굴 일부가 추울 뿐이다. 바다가 잘 보이는 숙소에 들어오니 창 너머로 대천의 푸른 바다가 넘실거린다.

아름다운 겨울 바다 모랫길을 걸으면서 사랑을 나누고 추억을 만드는 젊은이들이 의외로 많았다. 추위도 잊고 다정한 이야기와 아름다운 추억만을 만들려고 하는 것같이 보인다. 어떤 젊은이는 맨발로 바다에 들어간 후 슬리퍼를 신고 반바지 차림으로 도로를 거닐고 있다. 아무리 생각해도 도가 지나친 이해할 수 없는 모습이다.

젊음은 객기도 필요하지만 현실적인 여건을 현명하게 활용하는 지혜가 더 중요하다. 영하 10도가 넘는 추운 겨울바람을 서해 바닷가에서 맞으면서 다양한 사색 속에 피어오르는 지난날의 추억이 생생하게 되살아나는 것은 지난 시절의 아름다움이 지워질 수 없기 때문이다.

물론 희로애락도 시간이 지나면 모두가 아쉽기 마련이지만 아름다운 추억의 자취는 더욱 그리워지기 마련이다. 가슴 설레는 순진한 마음을 항상 지니고 그 속에서 자신만이 간직한 추억을 즐기면서 생활해가는 일을 충실하게 할 필요가 있다. (2011.1.29.)

23. 성묘길

　금년 설날은 매섭게 추웠던 열흘간의 추위를 물리치고 남녘의 새
봄을 맞이하는 날씨가 따뜻한 날이다. 큰형 집에서 차례를 올린 후
육 형제들과 십여 명의 조카들이 승용차 3대에 타고 보문산 옆의 선
산으로 성묘를 갔다.

　선산은 돌아가신 아버지께서 50년 전에 집안 종산을 구입하신 것
이다. 종부 어른의 집안 형편이 어렵게 되자 아버님한테 구입할 것을
간청해서 어려운 여건에서 구입하셨다. 선산은 정부에서 실시한 사방
공사 덕분에 30~40년생 참나무가 울창하다. 아름드리 참나무가 하늘
을 찌를 듯이 잘 자라나고 있다.

　가끔은 나무 장사꾼이 와서 참나무를 팔라고 부탁을 한다. 아버지
는 선산이라며 더 이상 말을 하지 못하게 하셨다. 3~4월과 추석 전에
는 반드시 묘소를 찾아서 성묘를 하고 풀을 깎으셨다. 부친께서는 선
조들의 묘소를 지극 정성으로 가꾸셨다. 산 나무와 풀까지도 시간이
날 때마다 관심을 갖고 정성으로 가꾸셨다.

　평생 다니신 공직자의 퇴직금 일부를 지급받아서 묘소를 손질하고
묘비를 세우는 등 정성껏 관리하셨다. 묘지공사 일꾼에게는 먹는 음

식을 정성으로 대접했다. 돌아가신 조상님의 은덕이라고 생각하시면서 풍부하고 정성스럽게 대접해주셨다. 반백 년 이상 매년 여러 번씩 찾아온 선산의 묘소는 많은 사연이 있다.

어릴 때는 땀 흘리면서 묘지 가기가 너무 싫었으나 아버지 때문에 어찌할 수가 없었다. 가기 싫은 성묘길을 다니다 보니 자신도 모르게 정이 들었던 것 같다. 추운 겨울에도 선조를 생각하면서 열심히 정성껏 선산을 찾아와서 성묘를 하였다.

큰아들이 올해로 서른 살이다. 이 아이가 중학생이었을 때 추석날 성묘 길에 그만 사촌동생을 안고 산소 아래로 굴러 떨어지는 사고가 있었다. 품안에 꼭 안은 사촌동생은 생채기 하나 나지 않았는데 아들은 자신을 보호할 자세를 취하지 못한 탓에 발목이 심하게 골절되어 한 달 정도 병원신세를 져야 했다. 부기가 빠지기를 기다렸다가 부러진 다리에 쇠심을 박아 곧게 고정시키는 1차 수술을 한 후, 뼈가 제 자리를 잡은 일 년 후 다시 쇠심을 뽑아내는 2차 수술을 해야 했다. 지금도 습도가 높은 날이면 발목이 쑤셔 오래 걷거나 서 있기 싫어한다.

지금 큰아이는 취업과 결혼을 해결하여야 할 당면한 과제로 여념이 없다. 대학과 대학원에서 러시아어를 전공하였는데 전공과 관련된 취업이 쉽지 않은 현실이다. 취업이 어려운 현실에서 고생하는 큰아들만 생각하면 항상 마음이 부담이 간다. 형제들은 아들과 조카의 미래를 생각하며 그들이 한결같이 잘되기를 바라는 마음으로 여덟 기의 조상 묘소에 감사와 은혜의 기원을 하면서 예의를 다한다.

치열한 경쟁사회에서 승리할 수 있는 능력을 기르기 위한 노력은 시간이 갈수록 복잡해지고 치열해진다. 젊은이들은 경쟁에서 승리할 수 있는 능력을 함양하기 위해서 최선의 노력을 다하여야 한다. 개인이 지향하는 목표를 달성할 수 있도록 도와주고 기원해주는 부모의 보편적인 마음은 시간과 관계없이 동일한 것 같다.

자신의 능력에 맞는 적절한 분야에서 최선을 다하여야 경쟁에서 승리할 수 있다. 묘소에 계신 할머니께서 손자들을 지극 정성으로 돌보아주셨으면 한다. 부모님 역시 정성으로 아들을 가르치고 양육하셨다. 할머님의 크신 은혜는 시간이 가도 잊히지 않고 가슴속에 따뜻하게 남아 있을 뿐이다.

간식이 귀했던 그 시절에는 할머니께서 장사꾼이 집 안을 방문하면 물건을 사서서 손자들에게 간식을 먹도록 하셨다. 끈끈한 할머님의 정은 세월이 많이 지나가도 생생하게 기억에 남아 있다. 매년 설날과 추석날에는 빠짐없이 묘소를 찾아가서 지극 정성으로 성묘를 하며 자신과 후손들의 미래의 행복을 기원한다.

세월이 갈수록 자신의 소망보다는 사랑하는 아들의 미래의 축복을 간절하게 기원하게 된다. 이제 매년 찾아오는 성묘길에 아들과 조카들에게 추억과 의미 있는 성묘길이 되길 바랄 뿐이다. 올 새해의 성묘길은 순수하고 인정 넘치는 시간이 되어 의미가 있었다.

제주를 묘 앞에 따르고 조상님의 만복을 기원하며 감사드렸다. 조상들의 선덕을 기르고 후손들의 인정 넘치는 아름다운 인간관계가 금년 성묘길에서 나타난 의미이다. 할머님의 한없는 인자하심과 남에게 베풀어주시는 아름다운 마음씨를 후손들도 이어가길 바란다. 선산도 날씨가 따뜻해지면 아름다운 잎을 피우고 꽃을 피워갈 것임을 생각하면서 성묘길을 내려온다.

싱싱한 나무들이 잘 자라고 아름다운 꽃이 만발하는 선산을 희망하면서 성묘길을 내려왔다. 형제간에 지난날의 추억을 이야기하고 조카와는 미래의 삶에 대한 조언을 해준다. 정다운 이야기를 나눌 수 있는 도심의 성묘길은 온정과 추억의 시간이 될 수 있어 좋았다. 성묘길이 항상 감사하고 즐거운 것은 조상님들의 은덕 덕분인 것 같다. 후일에도 손자들을 데리고 성묘할 날이 올 것이다.

항상 돌아가신 조상님들의 은덕을 생각하며 감사할 줄 아는 마음을 가져야 한다. 그들의 공덕을 기르고 자신들의 추억을 만드는 성묘길이 날이 갈수록 더 소중해지고 아름다워진다. 성묘길을 통해서 조상을 생각하며 그들의 위엄을 존중할 수 있음이 다행스럽다. 성묘에 대한 관심과 사랑은 영원하리라. (2011.2.3.)

24. 다시 만남의 기쁨

　길고 긴 겨울방학을 끝내고 오늘 처음으로 학교에 갔다. 언덕의 버드나무 가지에 어느덧 푸른 기운을 풍기고 있다. 계절은 하루 이틀에 따라서 달라지니 자연의 순환이 그저 새삼스러울 뿐이다. 올해도 분명한 것은 신입생과 재학생들의 만남을 통해서 아름다운 추억을 만들고 기쁘게 일 년을 보내고 싶은 바람이다.

　인간의 삶이 만나고 헤어지면서 살아가기 마련이다. 만나서는 아름다운 추억을 만들어야 헤어지면 그립고 보고 싶어진다. 젊은 아이들에게는 이것이 강력하여 시간이 지나가면 아름다워지고 그리워지기 마련이다. 이런 과정 속에서 추억을 만들고 삶의 의미를 찾아간다. 젊은이들도 이제는 빠르게 시간이 흘러감을 인식하고 부지런히 할 일을 찾아야 한다. 특히 4학년생들은 졸업을 앞두고 마지막 학창 시절을 의미 있게 보내려고 고민하며 다양한 방법을 찾기에 여념이 없다.

　정들었던 학교와 다정한 친구들과의 일상적인 생활을 할 일이 많이 남아 있지 않기 때문이다. 학생들이 가끔은 내 연구실을 찾아오기도 한다. 몇 사람을 빼고는 사적인 고민과 사정을 이야기하지 않고 객관적인 이야기만 한다. 내가 별로 도움을 주는 말은 해줄 수가 없는 것이 안타까울 뿐이다. 매학기 새로 만나서 이야기하고 준비하는 일이지만 항상 새로운 기분은 변화된 세상이 요구하는 내용이 달라지기 때문이다.

금년에도 좀 더 많은 연구 활동을 하면서 제자들을 위해서 최선을 다해야 한다고 다짐한다. 이들에게 희망과 가능성을 심어주고 격려하며 위로하는 교수가 되기 위해서 좀 더 많은 시간을 투여할 것이다. 인생은 항상 만남과 헤어짐의 시간 속에서 생활해가기 마련이지만 분명한 것은 최선을 다해서 열심히 생활해가야 한다.

어린 시절 어미 닭이 봄이 되면 알을 낳아서 병아리를 만들고 이 병아리를 길러가는 모습을 보면서 즐거워했던 일이 생각난다. 사람이나 식물이나 가축들도 어리면 보기 좋고 사랑스러워서 귀여워하고 같이 시간을 보내려고 한다. 순수하고 내일에 대한 소망적인 기대감을 갖기 때문이다.

만남은 사람뿐만 아니라 애완동물과 식물까지도 의미 있고 아름다워진다. 봄이 되면 새싹이 피어나는데 그 아름다움을 가히 무관심으로 흘려보낼 수 없다. 매년 찾아가는 뒷산에 피어나는 진달래꽃을 바라볼 때미다 붉고 아름다운 모습과 은은한 향기가 가슴에 와 닿는다.

다가오는 3월과 4월에는 뒷산에 진달래와 할미꽃이 만발하고 이름 모를 다양한 꽃들이 활짝 피어날 것이다. 나는 그 아름다운 꽃들을 즐기면서 의미 있는 시간 보내기에 최선을 다할 것이다. 꽃이 피는 봄날에는 산야를 돌면서 새로운 사색을 하고 기분 좋은 시간을 보내기에 최선을 다할 것이다.

순수한 봄날의 새싹을 바라보고 아름다운 사색을 즐길 수 있음은 커다란 행복이다. 사람이 이름 모를 한 송이 꽃처럼 덧없이 피어났다가 덧없이 지고 마는 것은 있을 수 없는 일이다. 따라서 사람은 꽃과는 다르게 의미와 가치실현을 위해서 최선을 다하면서 살아가야 한다. 항상 연구하고 사색하며 깊이 있게 고뇌하면서 살아가는 지혜로운 방법을 모색해가야 한다.

나는 가끔은 강한 바람결에 떨어지는 꽃과 과일을 보고 안타까워한 일이 많다.

물론 한 번 핀 꽃은 지기 마련이지만 오래도록 아름다움을 사람들에게 사랑하듯이 보여주어야 한다. 그 아름다운 꽃을 쳐다보는 사람의 마음이 얼마나 흐뭇하겠는가. 아름답게 핀 꽃이 본래의 목적을 달성하지 못하고 시들고 마는 일이 안타깝다.

만물에 대한 원리와 존재가치를 찾으면서 성실하게 살아가는 지혜를 추구해가야 한다. 일생을 사는 동안에 분명한 목표를 정해서 그것을 달성하기 위해서 최선을 다하는 사람이 되어야 한다. 수시로 만나고 헤어지는 과정이 이루어지지만 만나지 말고 헤어지지 말아야 할 사연이 생기면 현명하게 판단하여 시간을 운영해가는 일이 중요하다.

불완전한 세상을 예견하여 극복해갈 수 있는 다양한 방법을 찾아가야 현명한 사람이 된다. 예상을 전혀 다르게 생각해서 오류를 범함으로써 삶이 어려운 사람들을 많이 볼 수 있다. 인간 세상에는 미련이 있기 마련이며 이 미련을 이성과 여유로서 풀어 가야 한다. 다른 사람으로부터 비난받지 않고 지지를 받으면서 소신껏 살아가는 의지를 지녀야 한다.

해가 저물어 다음 해에 새봄이 오면 만물이 생명을 키워가듯이 인간도 항상 진취적이고 도전적으로 살면서 전진하는 일이 중요하다. 자신이 옳다고 판단한 일에 대하여 주저하거나 회피하지 않고 기꺼이 실천해가야 한다. 물론 때로는 실망하고 좌절할 수도 있지만 매사를 긍정적이고 적극적으로 살아가야 한다. 지인과 항상 새로 만날 때에 자신의 성장하는 참모습을 보여주고 세상만사를 열심히 살아가야 한다. 사람은 만날수록 정이 들고 그리워져서 이를 아주 소중하게 생각하면서 살아가도록 한다. 예측 없는 내일을 종종 생각하면서 준비하는 자세가 필요하다. 세상 변화가 하루가 달라지게 빠르게 변화하는 시대를 현명하게 살기 위해서는 시간운용을 철저하게 하여야 한다.

항상 일 초라도 의미를 찾고 소중함을 인식하고 생활해가야 한다. 인간은 수시로 만남과 헤어짐이 있지만 이것이 항상 즐겁고 의미가 있어야 한다. 이를 위해서 다양한 노력을 하여야 한다. 변함없이 항상 의미와 가치를 추구하면서 성실하게 살아가면 일생이 아름다워질 수밖에 없기 때문이다.

시간은 남녀노소를 막론하고 한정되어 있기에 선정한 보람과 가치를 창출하는 일에 사용하여야 한다. 이는 유아 시절부터 습관화되어야 후일에도 시간을 합리적으로 운용할 수 있다. 한번 흘러간 시간은 다시는 돌아오지 않지만 추억과 아름다움은 재현할 수 있기 때문에 이를 위한 일에 최선을 다해야 한다. 권력과 금력과 관계없는 순수한 일을 추구하면서 진실하게 생활해가면 모든 것이 이루어질 수 있다.

올해도 아름답고 소중한 봄날을 맞아서 더욱 의미 있는 시간을 보내도록 최선을 다할 생각이다. 유한한 시간 속에 삶을 살아가는 일은 질과 가치를 얼마나 추구하면서 성실하게 살아가느냐가 문제다. 항상 현 위치에서 감사하면서 최선을 다해서 열심히 생활화하는 일이 우선이다. 시간과 물질을 아끼고 절약해서 부족하고 필요한 주변 사람을 위해서 사용할 줄 아는 습관을 길러야 한다. 자신의 현실적인 여건 속에서 어려운 남을 도와줄 수 있음은 정말로 커다란 기쁨이며 마음 흐뭇한 여유이다.

아낄 수 있는 모든 물건은 아끼고 절약해서 필요한 사람에게 전해주는 기쁨은 정말로 크고 아름답다. 돌아가신 할머니는 자신이 먹을 음식을 아껴서 넉넉한 마음으로 어려운 사람에게 전달하고 기뻐하셨다. 어떻게 보면 정말로 대단한 분이다. 지금도 가끔씩 할머니 생각이 떠오르는 것은 할머님의 깊으신 베풂 때문이다.

항상 자신보다 주위의 어려운 사람들을 생각하고 그들에게 나눔과 베풂을 통해서 기쁘고 행복하게 만들어주셨다. 할머님의 깊은 사랑의 마음을 항상 생각하며 이의 실천을 위해서 최선을 다해 갈 것을 다짐한다. 한평생을 여유롭게 살기 위해서 많은 노력을 하며 성실하게 살아가는 자세가 필요하다.

나는 앞으로 돌아가신 할머님의 뜻을 이어받아서 실천하면서 살아갈 생각이다. 선한 행동은 영원히 칭찬받고 기억되기 마련이다. 헤어졌던 사람과 만남이 기쁘고 보람되려면 도와준 아름다운 실적이 있어야 한다.

자신의 능력과 노력으로 어려운 사람을 도와주는 일은 정말로 선한 일이다. 사람은 항상 주변의 어렵고 불편한 사람을 도와주면서 기쁘게 살아가는 자세가 절실하다. 가진 것이 여유가 있고 넉넉해서가 아니라 조금 부족하더라도 항상 남을 도와주려는 마음을 갖고 실천해야 한다. 항상 자신의 부족함을 반성하고 현실여건에 맞는 도움을 주는 일은 선하고 아름다운 일이다.

옛날 할머니들은 대부분 이를 실천하면서 살아왔기에 부족함이 없이 넉넉하게 생활했던 것이다. 이것을 생활화하기 위한 실천력을 키워가야 한다. 할머님은 어렵고 힘든 세월에 이의 실천을 한 번도 빠짐없이 해가면서 살아가셨다.

참으로 존경받을 만한 훌륭한 분이었다. 가끔 할머니의 넉넉하신 마음과 모습을 그려볼 수 있음이 다행스럽다. 욕심을 버리니까 항상 부족함을 느끼지 못하고 있는 현실에 만족하면서 어려운 사람들과 같이 살았던 분이다. (2011.3.7.)

25. 봄 길을 생각하며

　무던히 추웠던 지난해 겨울에 이어 찾아온 올봄은 예상 외로 날씨가 따뜻하다. 혹자는 추운 겨울 때문에 따뜻함을 느낀다고 말하나 분명한 것은 따사로운 햇볕을 쬐기 때문이다.

　봄볕은 더욱 따뜻해서 만물이 자라나기에 충분하므로 항상 고마움이 앞선다. 올해도 벌써 따사로운 봄날을 생각하면서 산책할 수 있음이 퍽이나 행복스럽다. 산책을 하면서 멀리서 보이는 가로수와 버드나무 가지가 어느덧 푸르른 색깔을 볼 수 있어 더욱 기쁘기 짝이 없다. 아직은 푸른 새싹도 없어서 이른 봄이라고 말하기는 이른 편이나 낮에 내리쪼이는 햇살이 따뜻하기에 고마운 봄이라고 부르고 싶은 마음이 든다.

　봄날은 특히 여성들이 남자 친구와 함께 시간을 보내기를 희망하고 있다. 만남을 통해서 사랑의 희망을 구현해갈 수 있기 때문이다. 아름다운 희망과 꿈을 이야기하면서 미래를 그리고 사랑을 키워갈 수 있는 기대감은 정말로 행복하고 아름답다.

　봄철에 만나는 이성 관계는 어느 때보다도 상대방의 장점을 중심으로 많은 이야기를 나눈다. 사람이 처음 만난 이성 친구를 좋아하고 아름다워 하는 것은 계절의 영향을 많이 받기 때문인가 보다. 봄날의 만남은 상대방 서로의 생각과 이야기하는 것에 대하여 긍정적이다. 만물의 수용성이 강한 계절이 봄철이기 때문이다.

개학과 더불어 학교주변에 많은 식당이 생겨났다. 점심때에는 동료들과 식사를 하러 식당을 찾는다. 학생들도 친구와 함께 어울려서 점심을 하면서 즐거워한다. 점심식사 후에는 운동 삼아 학교주변을 한 시간 정도 걷는다. 동료교수와 산보를 하면서 세상 돌아가는 이런저런 이야기를 하면 어느덧 시간이 훌쩍 지나감을 느끼게 된다.

매사를 산보하듯이 항상 기쁘고 아름답게 생활해가는 일이 중요함을 절감한다. 정원의 나무가 새봄을 맞이하려는 듯이 벌써 푸른 가지를 키워간다. 추운 겨울에 얼어 죽지 않고 새봄을 맞이하는 풀이며 나무들이 대견스러워 보인다. 아직은 따뜻한 봄을 이야기하기 어렵지만 몇 주일 지나가면 분명한 봄의 물결이 산야를 휘잡아갈 것이다.

길섶의 잡풀도 새싹을 펼치지 않고 있으며 이른 봄에 피어나는 개나리와 벚꽃도 줄기와 꽃잎을 내밀지 않고 있음이 아쉬울 뿐이다. 봄의 산야는 푸른 새싹과 화려한 꽃들로 가득 차서 더욱 아름다워질 수밖에 없다.

올봄에는 학생들과 더욱 가깝게 이야기하고 재미있는 대화를 해야겠다고 생각해본다. 아름답고 사색을 많이 하는 새봄의 의미를 많이 찾을 수 있는 여행과 깊은 생각을 많이 하여야 한다. 매년 맞이하는 봄이지만 아름답고 다양한 생각을 할 수 있도록 시간운용을 다양하게 하여야 한다.

오늘도 따뜻한 새 봄날의 길을 생각하면서 교정주변을 걸을 수 있음이 퍽이나 다행스럽다. 무언의 상태에서 사색하면서 걸어가는 시간은 봄날만큼이나 소중하고 아름답다. 앞으로 열흘 정도가 지나가면 새싹이 돋고 아름다운 꽃들이 피어날 것이다. 그때에 새봄을 만끽하면서 기쁜 시간을 많이 보낼 것이다.

아름다운 봄날을 더욱 가치 있고 의미 있게 보낼 수 있도록 다양한 프로그램을 짜서 올봄을 보내야겠다. 봄날의 자연현상을 즐기면서 의미 있게 보내기 위한 활동을 곰곰이 생각하여 실천해가려 한다. 추운 겨울날을 이겨내고 오롯이 피어나는 꽃을 생각하며 내일의 계획을 세워볼 생각이다.

뒷산에 피어난 할미꽃 한 송이를 보고 그렇게 즐거워하고 기뻐하던 어린 시절의 추억도 음미해보아야 한다. 2층 거실에서 겨울을 보낸 60여 개의 화분의 꽃들도 옥상으로 내놓아 건강하게 자라나도록 물도 주고 열심히 관리해갈 것이다.

일찍이 제라늄은 2층 거실에서 연분홍 꽃을 피웠다. 겨울의 꽃은 유난이 관심이 가고 귀여움을 독차지하기 마련이다. 아름다운 꽃들이 즐거운 봄을 맞아서 잎과 가지를 키우면서 꽃을 피우는 일은 무척이나 아름다워 보인다. 논둑에서 피어나는 자운영과 제비꽃들을 보면서 즐거워하고 웃음 짓던 시절이 아름다워진다.

봄날은 새 생명을 만들 꽃을 피우기에 한층 고귀하고 소중해 보인다. 천지에서 피어나는 작은 들꽃마저도 아름답게 가꾸어서 보기 좋은 꽃을 피울 수 있도록 가꿔갈 계획이다. 천하의 모든 생물이 존재의 이유가 있듯이 주변의 한 송이 꽃도 의미 있게 정성껏 가꿔갈 계획이다.

꽃이 피어 향기를 풍기고 열매를 맺으며 자라나는 이치를 기억하고 물을 주며 가꿔갈 계획이다. 답례하듯이 항상 봄꽃은 향기를 풍기면서 아름답게 자라나는 것이 고마울 뿐이다. 아름다운 새봄을 잊지 않고 사색하고 즐길 수 있음이 다행스럽다. 며칠이 지나면 옥상으로 화분을 내놓고 물을 흠뻑 주어서 새 생명을 키우는 행복한 모습을 즐길 생각에 흐뭇하기 짝이 없다.

봄을 생각하면 만사가 기뻐지는 것은 새 생명이 꽃을 피우기 때문이다. 아름다운 봄날은 생각만으로도 기쁘기 짝이 없다. 봄은 꽃을 피우고 열매를 맺어가는 생명의 시간이기 때문이다. 만물에 희망의 새 싹이 돋는 아름다운 봄날을 기쁜 마음으로 산보하는 것은 사람들 모두의 공통된 마음일 것이다.

반복되는 계절의 순환를 감사하며 즐길 수 있는 마음이 퍽이나 다행스럽다. 매년 맞이하는 새봄에 고마운 마음이 드는 것도 마음의 본질이 아름다워서다. 사람에 따라서 선악을 분명하게 구분할 수 있지만 우리 사회는 악을 멀리하고 선을 가까이하면서 중시한다.

아직도 젊고 낭만적인 마음이 가득하다는 현실을 즐길 수 있어 감사하다. 세월의 흐름과 관계없이 항상 지나가는 시간을 아름답게 보면서 여유와 긍정적으로 시간을 보낼 수 있어 다행스럽다. 나는 욕심을 버린 지 오래되어서 만물을 순수하고 감사하게 생각할 뿐이다. 실제로는 지난해에 회갑을 넘겼지만 마음은 항상 20~30대 같아 좋을 뿐이다.

지난 시간을 그리워하는 것보다 현실적인 아름다운 시간을 즐기는 마음이 더욱 고맙고 감사하다. 사람은 매사를 긍정적으로 생각하며 최선을 다해서 살아야 한다. 인간의 여유 있고 넉넉한 마음과 정신이 행복하게 해줄 수 있는 터전이 됨을 생각하여야 한다. 진정한 여유와 감사함은 넉넉한 마음에서 오기 마련이다.

마음에 부담을 주지 않고 항상 여유로움은 진정으로 행복을 키울 수 있는 터전이 된다. 올해도 아름다운 봄 길을 감사하며 충분히 걸을 수 있는 시간을 마련할 것이다. 봄 길은 감사함과 낭만이 있어 사랑하는 사람들끼리 걷기를 즐겨 한다. (2011.3.10.)

26. 5월의 푸른 날에

　많은 사람들이 계절 중에서 봄을 좋아하는 이유 중 하나는 아름다운 봄꽃을 볼 수 있기 때문이다. 삭막하고 추운 겨울을 이겨내고 아름다운 꽃을 피우는 시간과 자연의 원리가 대견스럽다.

　모든 꽃은 아름다운 향기를 풍기면서 곱게 자라나서 좋지만 추운 겨울을 이겨낸 후에 곱게 피어나는 봄꽃은 승리자처럼 느껴지기도 한다. 추운 바람과 눈보라를 이기고 또는 비좁은 거실에서 겨울을 보낸 화분의 꽃들도 바깥으로 외출을 준비하는 시간이다.

　필자가 일 년 중에 봄에 피어나는 꽃을 유난히 좋아하는 것도 겨울을 이겨내고 꽃을 피우기 때문이다. 남쪽 언덕에 심어 놓은 개나리가 노란 꽃을 피우는 것도 꽃피는 봄철의 아름다운 모습이다.

　산하의 꽃들은 사시사철 꽃을 피우고 향기를 풍기지만 봄날의 싱그러움과 향기로움을 찾아보기가 어렵다. 이 또한 봄꽃을 좋아하는 이유다. 사람들은 너나 할 것 없이 봄철에 피어나는 꽃을 보고 즐거워한다. 문인들은 한 송이 봄꽃을 보고 시를 짓고 글을 쓰며 술을 마신다.

　문인들은 시와 글을 지으며 술을 마시는 시간을 즐긴다. 나도 봄날에는 잠을 덜 자고 명작서적을 읽거나 에세이를 즐겨 쓴다. 퍽이나 다행스러운 일이다. 책을 읽는 즐거움 못지않게 봄꽃을 감상하고 가꾸는 일은 정말로 재미있고 행복하다. 빈부와 권력을 떠나서 봄볕처럼 시기를 찾아 꽃을 피우고 따뜻하기 때문이다.

봄날에 꽃잎을 내미는 식물들의 강인한 생명력에 항상 감사할 뿐이다. 인간의 사고는 주변의 환경에 따라서 달라지기 마련이지만 봄날의 생각은 싱그러운 나뭇잎이 피어날 준비를 하는 꽃과 나무를 생각하기에 아름답고 즐거울 뿐이다. 새 생명이 태어나고 꽃을 피우는 시간을 좋아하면서 상상의 나래를 마음껏 펼칠 수 있는 봄날이 참으로 좋다. 봄은 항상 경쟁하지 않고 아름다운 꽃을 피우고 파란 새잎을 피우기에 충실하기 때문이다.

봄날에 피어나는 과일의 꽃이며 푸른 잎이 여름철과 가을날에 피어날 때보다 더욱 관심이 가고 아름다워 보이는 것도 하나의 이유가 된다. 봄철의 따사로운 햇볕과 물오른 시냇가도 개구리며 풀벌레에게 삶의 터전을 기쁘게 마련해주는 것도 이 때문이다.

만물에게 생동감을 주고 마음껏 성장해갈 수 있는 여건을 만들어주는 대자연의 섭리를 가끔은 깊게 생각하고 즐길 수 있어야 한다. 봄꽃을 좋아하는 마음으로 나는 앞으로 피어나는 모든 식물과 꽃을 사랑하리라. 말없이 흘러가는 아름다운 계절에 만상에 존재하는 식물과 동물에게도 깊은 관심을 갖고 이들에게 사랑의 눈길을 흠뻑 주리라.

사람은 자신의 관심과 사랑 정도에 따라서 만족과 행복함이 달라지기 마련이어서 가급적이면 항상 주변의 사물과 관계가 만족하고 행복스러워야 한다. 덧없이 나는 것 같은 벌과 나비의 원리와 살아가는 이치를 파악하려는 여유를 가져야 한다. 날로 변화하는 대자연의 순리 속에서 해마다 달라지는 계절의 흐름을 생각할 필요가 있다.

계절 따라서 세월이 흐르는 것이 아니라 흐른 세월 따라서 추억과 기억이 달라질 뿐임을 가끔은 생각할 필요가 있다. 금년도의 꽃 피는 아름다운 봄날을 마음껏 만끽하면서 기분 좋고 사랑스럽게 시간을 보내려고 최선을 다할 것이다.

일 분 일 초를 아름답고 의미 있게 보내기 위해 평생 최선을 다해 노력해야 한다. 흘러간 시간은 항상 빠르게 느껴지지만 아름답고 즐거운 시간 또한 너무 빨리 흘러가기 마련이다. 우리는 항상 이 점을 의식하여 보람 있고 의미 있게 시간을 활용하여야 한다.

금년 봄날에는 아름다운 꽃들을 만끽하면서 사색하고 고마워할 시간을 많이 가져야 할 것이다. 봄날의 산책하고 사색하는 즐거움을 만끽하는 사람은 여유 있고 행복해질 수 있다. 항상 평범한 일상 속에서 정신적인 성장을 위해서 깊이 사색하는 시간은 그 자체가 의미 있고 감사한 일이다.

삶의 여정을 사색하고 고민하는 시간은 결코 나쁠 수가 없다. 아름다운 3월에 다가올 4~5월의 봄날의 꽃을 마음껏 그려보고 싶다. 활짝 핀 꽃보다 막 피어오르려는 꽃송이가 아름답고 소중하듯이 사람도 목표를 향해서 꾸준히 열심히 노력하는 사람이 소중하다. 목표의 달성보다 그것을 행해서 최선의 노력을 다하는 젊은이가 소중한 것이다. 인생은 삶의 과정이 아름답고 소중해야 하기 때문이다.

금년의 아름다운 봄날 산과 들을 거닐면서 풍성한 사색의 영토를 넓혀보자. 어쩌면 훗날 아름다운 추억의 씨를 심는 것과 같을 것이다. 시간은 항상 추억과 그리움을 만들어주기에 의미가 클 뿐이다.
(2011.3.20.)

27. 사월의 꽃노래

아름다운 4월을 노래하고 여유 있게 살아가는 사람들이 퍽이나 행복해 보인다. 나는 시간을 내서 4월의 아름다운 노래 소리를 들으려 산과 들을 찾아 나선다. 참으로 여유 있고 행복한시간이다. 삶의 향기를 찾아 누리는 시간의 고마움을 절감할 수 있다.

산에는 잡초와 나무의 새싹들이 잎을 내밀고 있다. 이름 모를 산야에 있는 일반적인 풀과 나무지만 새잎이 돋아나니 유난히 아름다워 보인다. 자신의 본모습을 자랑이라도 하듯이 원형대로 가지를 뻗어내려 한다. 사월의 산과 들에서 오랜만에 피어나는 푸른 나뭇가지와 잎들이 아름다워 보이는 시간을 고마워할 뿐이다.

그래서 봄은 항상 주변의 생명에 대하여 관심이 가고 소중하게 생각하게 된다. 봄은 만물이 생동하는 계절이라고 표현하는 사람을 이해할 것 같다. 4월의 봄노래를 듣고 새 생명의 줄기찬 성장을 볼 수 있음이 퍽이나 풍요로움을 느낄 수 있다. 지난 추운 겨울날의 시간 속에 봄의 꿈을 키워온 겨울나무들의 새순에 유난히 눈길이 가는 이유는 새잎과 줄기에 대한 소망이 있기 때문이다.

최근에는 자연에서 찾아온 봄의 계절을 마음껏 즐길 수 있어 기분이 좋다. 따뜻한 봄볕은 나뭇잎을 피우고 새순을 만들기에 여념이 없다. 새 생명의 탄생의 노래와 희망적인 성장이 기특할 뿐이다.

세상을 매우 분주하게 살았던 몇 년 전만 하여도 아름다운 봄날에 산을 찾아서 봄꽃과 나뭇가지와 잎을 보고 즐길 시간을 찾지 못했다. 나는 지금껏 너무나 많은 시간의 부족함을 느끼면서 살아왔기 때문이다. 항상 다양한 약속 속에서 자신만이 사색하고 즐길 수 있는 시간이 너무 부족했다. 여기에는 불필요한 약속이 나의 소중한 시간을 지배하고 있었던 안타까움이 있다.

지금은 비교적 여유롭고 자유로운 시간을 찾아서 자신의 마음대로 보낼 수 있어서 여유를 누릴 수 있어 행복하다. 진달래와 할미꽃이 만발하면 항상 꽃잎을 바라보며 즐거운 마음과 정신적으로 여유를 느낄 수 있다. 어린 시절에 뒷동산으로 올라가서 할미꽃을 꺾으면서 좋아하던 날이 엊그제처럼 느껴지기도 하다.

산과 들에서 아름답게 피어나는 꽃을 쳐다보고 즐길 생각에 항상 마음에 여유가 생겨서 좋다. 삶은 자신의 가치와 사고에 따라서 계절을 느끼면서 다양하게 살아가기 마련이므로 가치와 사고가 항상 여유 있고 아름다워야 한디.

만물이 따사로운 봄볕을 맞아서 초목들이 새싹을 키우고 줄기를 뻗어간다. 참으로 여유 있고 넉넉한 시간이다. 일 년 중에서 4월은 항상 여유와 꿈을 키워가기에 행복이 넘치는 계절이다. 눈앞에 보이는 사물보다 머릿속에서 떠나지 않는 봄날의 꽃들이 아름다운 것은 참된 봄꽃이 피어나기 때문이다. 길섶의 민들레가 잎을 피우고 꽃잎을 키워간다. 풍부하게 피어날 꽃잎은 생각만 해도 여유 있고 아름답다.

봄날의 첫 꽃을 바라보기 위해서 만물을 아름답게 볼 수 있는 여유로운 마음이 충만함이 다행스럽다. 항상 매년 피어나는 꽃이건만 변함없이 보기 좋은 것은 봄을 사랑하는 마음이 변하지 않기 때문이다. 물론 금년 봄이 지나가면 내년에도 변함없이 아름다운 봄꽃을 피울 것이다.

계절의 혜택을 누리면서 감사할 줄 아는 마음이 퍽이나 다행스럽다. 시간 흐름의 아쉬움이나 걱정스러움이 없는 것은 마음속에 넉넉함이 풍부하기 때문이다. 유난히 봄날이 걱정스러움이 없는 것은 내일을 생각하는 아름다움이 충만하기 때문이다. 꽃을 가꾸며 물을 주고 거름을 주는 여유 있는 마음은 누가 보아도 넉넉하고 아름다울 뿐이다. 사람도 자신의 돈과 재산을 아껴서 필요한 사람에게 나누어주는 일은 얼마나 아름다운 일인가.

인생을 살면서 부지런히 일하고 최선의 노력을 기울이며 절약하고 아낀 재화를 선하고 아름다운 일을 위해서 사용할 줄 아는 넉넉한 마음씨를 가져야 한다. 자신을 위한 지나친 사용보다 절실한 남을 위해서 사용하는 기쁜 마음씨가 삶을 행복하게 만들어주기 마련이다. 남을 도와주고 위로해줄 수 있는 아름다운 기회를 시간을 아끼고 절약해서 자주 찾는 일이 매우 중요하다.

물론 내년에도 아름다운 꽃을 피우겠지만 금년에 피어날 꽃을 생각하는 마음이 퍽이나 여유롭고 행복하다. 꽃은 항상 사람의 마음을 안정시키고 기쁨을 주는 원리가 있어 더욱 사랑하게 된다. 금년에 피어난 가지는 내년에는 더 아름다운 꽃을 피울 것이기에 소중하고 보배롭다.

생각할수록 가슴이 설레고 기다림의 시간이 소중해진다. 봄날의 꽃을 보고 많고 많은 사색을 하고 즐거워서 미소 지을 수 있음은 봄날이 가져다준 사랑이며 행복이다. 나는 진정으로 봄날을 사랑하고 좋아한다. 사계절 중 어느 계절과 비교할 수 없이 아름다운 계절이 봄날이다.

이름 없는 들꽃을 바라보며 즐거워서 시를 쓰고 노래를 불렀던 옛 선인들의 넉넉한 마음씨를 이해할 것 같다. 정말로 아름다운 봄날에 한 송이 꽃이 너무 소중하고 감사할 뿐이다. 평생을 꽃들과 살 수 있는 사람들의 여유로움이 참으로 넉넉해 보인다. 꽃처럼 욕심 없이 인간 삶의 본질과 원리를 생각하면서 넉넉하게 살아가는 지혜로움이 소중할 따름이다. (2011.4.8.)

28. 우리 집 감나무와 참새들

우리 집 정원은 도심 속에서 참새가 지저귀는 노래와 활력이 넘쳐 나는 터전이다. 30년 된 감나무 한 그루와 20년 된 감나무 한 그루 그리고 30년 된 향나무 한 그루와 20년 넘은 매실나무 한 그루 등 여섯 그루의 정원수와 회양목 여덟 그루 다년생 나무가 도심 속에서 집을 지키고 있다.

물론 일년생 꽃나무도 꽃을 피우며 자라나고 있다. 나는 요즈음 몸이 아파서 집에서 머물고 있어서 아침에 참새가 깨어나서 울어대는 시간이 5시 30분이고 저녁에 잠자는 시간이 8시임을 알게 되었다. 매일 저녁 어디선가 단체로 몰려와서 쉬지 않고 울어대는 수십 마리 참새의 울음소리가 세상 돌아가는 물정을 생각할 수 있게 해준다. 참새들은 모둠살이를 하는데 일체의 협동의식이 정말로 대단하다.

한결같은 협동정신으로 쉬지 않고 울어대는 수십 마리 참새들의 지저귐이 퍽이나 사랑스럽다. 가끔 참새보다 서너 배 큰 비둘기 색깔의 이름 모를 처음 보는 새 한두 마리가 울어댄다. 이 새 한 마리가 나타나면 참새 수십 마리가 단체로 몰려와서 울어댄다. 아마 참새 입장에서는 큰 적이라 생각이 드는 것 같다.

웬일인지 참새는 단체로 낯선 새를 보고 떠나갈 때까지 짹짹 울어댄다. 야생조류의 생활 형태를 본의 아니게 관찰하게 된다. 모든 생물이 굳세게 살아가는 모습을 볼 수 있다. 하찮은 참새 떼의 일상이 재미있는 것도 그들 세계의 질서와 리더가 있기 때문이다.

하나 되는 단체 활동이 그들의 생존권을 보장해준다. 요즈음은 하루 종일 또는 밤새도록 비가 내리기도 한다. 지속되는 장마 속에 참새의 생활이 얼마나 고통스러울까를 생각해본다. 비가 내리면 참새는 어디로 가는지 울음도 그치고 자리를 뜬다.

대도시 속에서 그래도 참새의 생활을 걱정해줄 수 있는 기회를 가질 수 있음이 다행스럽다. 수시로 떨어지는 어린 푸른 감도 넉넉함이 충만하기에 안타까움이 없을 뿐이다. 도심 속의 정원이 소중한 것은 텃새를 기르고 이들의 지저귀는 노래 소리를 사랑하기 때문이라고 생각한다.

어떤 이는 참새 소리의 지저귐을 시끄러운 공해로 생각하며 싫어하기도 한다. 그러나 나는 어느 노래 소리보다도 자연스러운 지저귐이 마음에 든다. 조그만 공간에서 참새들이 신나게 지저귀는 자유의 노래는 이 세상에서 부러울 것이 없다. 푸른 감나무 가지를 오가며 울어대는 참새의 일상이 기쁠 뿐이다.

참새들의 진정한 자유의 노래를 들으면서 미소 지을 수 있는 여유로움이 퍽이나 행복스럽다. 우리 집 감나무의 풍부한 열매와 말없이 포용하는 넓은 마음처럼 세상을 바라보는 자세가 중요하다. 진정한 풍부함은 사용하려는 마음이 생겨서 필요한 곳에 적시에 사용할 수 있어야 한다.

참새들의 그칠 줄 모르고 울어대는 부지런함과 여유로움은 시간에 쪼들리는 도시인들의 마음에 휴식을 주기에 더욱 고마울 뿐이다. 대자연은 항상 분주하게 움직이며 새롭게 창조해내는 과정에 의미와 가치가 있다.

숱한 나날을 참새 소리를 들으면서 대자연의 순리를 절감해볼 수 있음에 감사한다. 거대한 대자연의 호흡을 인지하고 그 속에 존재하는 자신의 가치를 생각해봄이 다행스럽다. 도심 속에 자그마한 이층집을 아버지로부터 물려받아 30년간 살아온 지금의 집에서 더 자유롭고 넘치는 야망을 키우지 못한 것이 아쉬울 뿐이다. 다정한 벗이 된 참새와의 만남이 행복할 뿐이다. (2011.7.11.)

29. 푸른 나무의 꿈

　며칠 사이에 가로수 플라타너스와 백합나무가 푸른 가지를 훌쩍 뻗어간다. 돌 지난 아이의 발그레한 볼처럼 생기가 넘친다. 계절을 만들어가는 나무는 어느 때 보아도 소중하고 정겹다. 철 따라 변해가는 모습은 볼수록 정감이 넘친다. 마치 돌 지난 손자의 귀여움만큼이나 애정이 간다.

　봄날의 따사로움 속에 푸른 꿈을 펼쳐가는 나무들의 축복받은 시간이 고마울 뿐이다. 신록은 어머니의 자식 사랑만큼이나 항상 여유롭고 희망의 꿈이 풍성하기에 감사하다. 겨울의 희망을 펼치면서 푸른 잎을 키우고 꽃을 피워가는 봄날의 꿈은 아름답고 소중하다. 젊은 날의 꿈이 영원히 가슴에 쌓여 삶에 활력을 주는 이치와 같다.

　고교 시절이나 대학 시절에 장래의 장밋빛 꿈을 그리며 당당하고 설레던 시절이 비슷하다는 생각이 든다. 추위를 털어버리고 따스한 봄 속에서 새잎을 내미는 모습은 신혼의 단꿈에 빠진 부부처럼 꿈과 희망으로 가득 차 있다. 겨울나무는 앙상한 가지를 바람에 흔들며 쓸쓸해 보이지만 새싹의 생명을 고이 키우고 있지 않은가.

　다만 숨을 죽인 듯하는 아쉬움은 있지만 새 생명의 숨결은 끊임없이 내쉬고 있다. 그러나 봄 나무는 부드럽고 가냘픈 푸른 잎을 키우고 여름날에는 싱싱하며 무성한 가지와 잎을 키워간다. 무더위에 시달리는 사람들에게 시원한 바람과 쉼터를 조건 없이 만들어준다. 새 생명의 경이로움 속에 매일매일 달라지는 산야의 초목자태가 우리에게 희망과 설렘을 준다.

나는 며칠 전 길 건너 앞집 2층에 세를 들어 사는 초등학교 3학년 여학생과 여섯 살 된 남자 쌍둥이 아이와 인사를 나누고 가끔 우리 집으로 불러들인다. 오렌지와 과자 그리고 음료수도 주며 이런저런 이야기를 한다. 아이들의 관심은 눈에 보이는 것이 전부다. 집 안의 풀이름이며 꽃 이름을 묻는다. 한시도 가만히 있지 않고 이리저리 움직이는 모습이 퍽이나 분방해 보인다.

이제 겨우 다섯 번 정도 만났는데 반갑게 인사를 한다. 처음에는 할아버지라고 하기에 아저씨라고 부르라니까 좀 이상한 듯 할아버지와 아저씨를 섞어 가며 부른다. 생물학적으로는 당연히 할아버지가 맞지만 나는 아저씨라는 호칭이 훨씬 정감이 더 간다. 아직은 세월의 흐름을 수용하고 싶지 않기 때문이다. 큰 여자아이가 뽑아놓은 잡초 한 포기를 달라기에 물어보니 집에다 키우고 싶단다.

도시 아이들의 삭막한 환경이 마음을 저리게 한다. 사람들은 아름다운 자연 속에서 동식물과 더불어 살아갈 때에 정서적으로나 정신적으로 여유가 생기고 변화하는 대자연의 이치를 생각하며 생활할 수 있다. 요즘 삭막한 도시의 삶 속에 지친 영혼을 무엇으로 위로해야 할까를 생각해본다. 철 지나면 이름 없는 심산의 풀꽃이 피고 지는 대자연의 폭넓은 품에 안겨 살아가는 것만큼이나 즐거운 것은 없다.

푸른 나무가 울창한 산에 올라가면 풍요로움과 여유가 생겨서 편히 쉬면서 여유를 즐기고 싶어진다. 60년대 땔감으로 나무를 베고 뿌리까지 뽑아서 사용하던 시절과는 달리 지금은 어느 산이나 나무가 울창하게 우거지고 그 안에는 다양한 동식물들을 키우고 있다. 여름 산은 나무 밑에서 버섯을 키우고 토끼와 다람쥐들에게 놀이터를 제공해준다.

어린 시절 어머니와 마을 뒷산 송산에 올라가서 소나무 밑에서 자라나는 싸리버섯을 따던 생각이 난다. 소나무 사이로 부엉이가 날면 겁이 나기도 했다. 컴컴한 숲 사이로 날카로운 노란 눈알을 굴리는 부엉이의 매서운 눈은 지금 생각해도 공포감을 들게 한다. 산야의 모든 초목이 따사로운 봄빛과 봄비를 맞으며 무럭무럭 자라난다.

이팝나무의 하얀 꽃이 벌 나비를 부르고 행인의 발걸음을 멈추게 한다. 향기 없는 이팝나무지만 5월에 피는 몇 안 되는 가로수 꽃 중의 하나라서 사랑을 받는다. 나무는 계절마다 성장을 노래하고 있다. 봄철의 보드랍고 가냘픈 잎에 소박한 꿈을 생각하고 여름날의 푸른 녹음에 열정을 생각하게 해준다.

그러나 앙상한 겨울나무보다 짙푸른 여름나무가 정이 더 간다. 나무가 없어지면 숲이 없어지고 숲이 사라지면 생명이 사라지는 것이다. 푸른 나무의 꿈이 있는 이상 인간의 삶도 안전하고 내일의 큰 소망을 키워갈 수 있다. 이른 봄 새싹을 키우며 가지를 뻗어가는 모습을 볼 때마다 여름날의 푸르고 풍성한 잎을 생각하게 한다. 잎이 커져 녹음을 이루면 새들을 불러들여 안전한 휴식처를 만들어준다.

땡볕 내려 쪼이던 여름이 가면 그 푸른 잎도 성장을 멈추고 푸른 잎은 물들 준비를 한다. 단풍 들고 낙엽 지는 가을이면 탐스러운 열매와 고운 단풍잎을 좋아하던 일이 생각난다. 어린 시절 단풍잎을 줍고 그것으로 갖가지 애장품을 만들며 소중하게 간직하던 기억이 새롭다. 붉은 빛으로 곱게 물들어가는 가을 단풍나무는 성숙의 미를 생각하게 해준다.

사계의 아름다움을 나무처럼 풍만하게 느끼게 해주는 사물은 없는 것 같다. 사람도 나이 들어감에 따라서 나무처럼 성숙한 언행을 하여야 한다. 어려움을 겪는 사람에게는 위로와 격려의 말을 해주고 자신이 넘치는 사람에게는 여유를 즐기라면서 평범한 삶의 이치를 이야기해주는 일을 즐겨해야 한다. 자신의 존재 가치와 위치를 모르고 분별없이 여기저기 기웃거리는 사람들의 행동이 서글퍼 보이는 현실을 볼 때에 안타까울 뿐이다. 푸른 나무의 열매 맺는 아름다운 꿈이 이루어지길 기대해본다. (2011.5.11.)

30. 저물녘

감나무 그늘 밑에서 잠깐 숨을 고른다. 한결 살 것 같다. 나뭇잎은 아이의 여린 볼처럼 반들거리던 때가 언제였든가 싶게 짙고 큰 그늘을 만들어주고 있다. 살랑 바람이 이니 아주 시원하다. 저절로 '고마운 바람' 혼잣말이 나온다. 습도가 높은데다 기온은 30도를 넘는, 젊은 축도 지내기 힘든 계절에 노약자 반열에 접어든 터수로는 이만한 것도 다행이지 싶다. 비 예보만 들어도 물비린내가 맡아질 지경이었는데 날이 드니 구름이 간간이 해를 가려도 몸이 무겁고 기운이 떨어진다. 조금만 움직이면 땀이 솟는다.

이런 날씨에도 불구하고 나무가 풀 속에 파묻혔다는 아내의 말에 모처럼 만에 밭에 와봤다. 나무 심은 곳은 봄에 한 번 풀을 뽑아주고 이제 와 들여다보니 온 밭에 풀들만 살판 나 있다. 밭일하기 좋은 날씨 맞추고 집안 사정이며 몸 사정을 참작해서 밭에 다니던 아내가 지난 오월, 내 건강에 문제가 생기는 바람에 몇 번 들여다본 게 고작이었으니 그럴 수밖에 없었다.

키 작은 반송은 풀에 가려 잘 보이지도 않는다. 하루에 한 뼘씩은 자란 것 같은 바랭이는 방석보다도 넓게 뻗어서 한 번에 뽑히지도 않았다. 땅에 깔린 줄기는 마디마다 흙 속으로 잔뜩 파고들어 호미로 툭툭 쳐주면서 달래듯 뽑자니 힘도 많이 들고 일은 한없이 더디다. 강아지풀은 땅 기운을 저 혼자 받았는지 줄기도 굵직하고 나무보다 더 크게 자라 있다. 그냥 뽑아두면 되살아나는 마디풀, 쇠뜨기도 여기는 내 자리요 하며 제법 차지하고 있다. 개망초, 명아주는 아이들 키만큼 자랐다. 배수로에는 온갖 풀이 무성하게 우거져 있어 낫으로 베어내야 할 지경이다.

힘을 쓰니까 온몸은 땀이 솟고 얼굴은 후끈 달아오른다. 지난해만 해도 이렇게까지 힘들어하지 않았던 것 같은데, 거꾸로 나이 먹어가는 게 아님을 몸이 알려온다고 아내가 자주 나무 그늘을 찾는다. 열오른 얼굴을 씻고 나서 피로도 가시게 할 겸 땀 흘린 만큼 수분을 섭취하자며 시원한 수박을 내놓는다. 물기 많고 단 수박을 먹으니 속이 시원해지면서 피로가 가시는 듯하다. 십여 분 쉬고 나니 머리로 울림이 느껴지던 심장박동도 잠잠해지고 열기도 식는다.

풀을 뽑아주자 한 그루 한 그루 자태를 보이는 반송, 풀숲에서도 하늘 향해 두 팔 벌린 자세로 씩씩하게 자라고 있었다. 한창 자라나는 어린아이같이 생기가 넘친다. '그동안 제 몸으로 자꾸 뻗어오는 풀들 때문에 얼마나 근질거렸을까, 귀찮게 따라붙는 풀들이 다 떨려난 지금 아주 속이 다 시원할 거야. 한껏 팔다리를 쭉 뻗어보며 기분 좋게 기지개라도 켜보렴.' 이런 생각을 하며 손을 더 재게 놀렸다. 농작물은 주인 발소리만 들어도 자란다고 했는데 올 때마다 쑥쑥 자라는 건 풀뿐인 것 같더니 나무도 자라긴 자랐다며 아내도 힘을 낸다. 그러면서도 몸이 지칠 때까지는 하지 말자며 다시 나무 그늘로 가잔다. 이렇게 자주 쉬어주면서 음식으로 보충을 해주니 한여름 일도 할

만하였다.

아내는 해가 쨍하고 나올 때나 제일 더운 한낮에는 딸 만한 호박이 있는지 찾아보거나 익은 옥수수를 땄다. 나무 그늘로 와서 푸성귀를 다듬고, 옥수수 껍질을 벗긴다. 한더위도 피하고 밭일 하는 날만큼은 집에 돌아가서 일을 하지 않게 조절하는 것이다. 작년 한 해 농사 지어보더니 아주 장족의 발전을 했다.

너무 힘든 일에 병이라도 날까 염려되어 사람을 사서 풀을 뽑자고 했더니 아내가 고개를 가로젓는다. 이곳에서 농사일을 하시는 분들은 나이도 많고 일손이 부족해서 제초제를 사용하는 사람들이고, 한더위는 피해서 아침저녁으로 나와서 잠깐씩 김을 매는데 여름날 하루 종일 일은 턱도 없는 소리라고 한다. 그리곤 하는 데까지 해보겠다며 당신은 이제 그만하고 쉬고 있으라고 한다.

우리는 초보 농사꾼이어서 농약을 어떻게 사용해야 하는 줄도 모르지만, 우리 식구가 먹을 농작물에 농약까지 쳐가며 수확을 늘릴 일이 아니어서 이제까지 제초제를 비롯해서 어떤 농약도 쓰지 않고 있다. 밭 위쪽에 나무 아래에 채소나 곡물을 심고 있어서 나무 주위에도 제초제를 뿌리지 않는다. 밭농사는 곧 풀과의 싸움이라는데 우리는 아주 힘든 싸움을 선택한 것이다.

나무 심을 때도 풀이 제일 신경 쓰여서 비닐멀칭을 하고 심었다. 밭고랑까지 현수막을 수거하여 깔아주었다. 비닐을 땅에 밀착시키려면 비닐 위로 어느 정도 흙을 덮어줘야 하고, 현수막과 비닐을 겹쳐지게 해놓은 뒤에도 펄럭이지 않게 고정시키려면 흙으로 덮어줘야 한다. 현수막 위로도 공기가 들어가지 않게 중간 중간 흙을 덮어야 한다.

나무 심은 주위는 넉넉하게 흙을 북돋워주었는데 그런 흙 속에서 뿌리지도 않은 풀이 나온다. 여기에 비닐에 난 구멍이나 빗물에 덮은 흙이 쓸리면서 현수막과 비닐 사이가 벌어지는 그 틈새와 낮은 밭고랑으로 쌓인 흙에서는 맨땅에서와 조건이 같은 셈이 된다. 크기 전에 자주 뽑아주면 힘 들이지 않고 풀을 없앨 수 있는데 두어 달을 내버려 두었으니 그 사이에 제 세상을 만난 듯 풀숲을 이룬 것이다. 하긴 집 앞의 포장된 길에도 흙이라곤 보이지도 않는데 담과 길이 맞닿은 자리에서 민들레가 자라는 걸 보았다. 그 끈질긴 생명력을 다시 확인한 것뿐이다.

봄부터 여름까지 왕성한 삶을 살아온 풀은 가을에 접어들면서 다음 생을 준비하기 시작한다. 풀 걱정을 덜게 되어 한시름은 놓게 되는데 '해가 없다'는 어머니 말씀을 이제야 절감하게 되었다. 7, 8월에는 뽑고 돌아서면 나오던 풀이 고생시키지만 저녁 8시에도 웬만한 것은 식별이 될 만큼 밝다. 그리고 서서히 어두워진다. 그런데 일교차가 벌어지고 풀벌레 소리가 들리는 즈음부터는 하루가 다르게 해가 짧아져서 어스름해지는가 하면 금세 주위가 어두워진다. 그것도 아주 짧은 시간 내에.

나무 그늘에 누워 있으니 문득, 어머니와 마을 뒷산 송산(대전시 도마동 소재)에 올라가서 소나무 밑에서 자라나는 싸리버섯을 따던 생각이 났다. 그때 갑자기 소나무 사이로 부엉이가 날아올랐다. 컴컴한 숲 사이로 날카로운 노란 눈알을 굴리는 부엉이의 매서운 눈은 지금 생각해도 오금이 저린다. 슬하에 칠남매를 두신 어머니는 사계절 내내 '해가 없다'며 사셨을 것 같다. 의식주 어느 하나 어머니 손 미치지 않는 곳이 없었을 터에 긴긴 여름 해도 짧으셨을 게다. 농사일을 해보지 않았다면 내가 이런 시각으로 어머니를 생각할 수 있었을까.

이런저런 상념에 젖어 있는데 아내가 그만 집에 가자고 한다. 작년에는 아침 일찍부터 서둘러 와서 해가 진 뒤에도 눈에 보일 때까지 억척스레 일을 하던 사람이 해가 훤한데 겨우 두어 고랑 풀을 뽑고 일손을 놓는다.

그래, 잘 생각했어. 우리 농사일로 기운 다 쓰지 말자. 이제 저물녘인데 나이에 맞게 살자. 어두워지기 전에 아직 가고 싶은 곳도 있고 하고 싶은 일도 있는데, 못 갈 것도 없고 못 할 것도 없이 그렇게. 삶은 자신이 하고 싶은 일을 보람되게 성실하고 열심히 해가는 데 있다. 결국은 일의 결과가 자신의 삶의 평가물이 되어 얼마나 사회를 위하여 기여하였는가를 알게 된다. (2011.8.1.)

31. 빚더미 대학생

아직 취업도 하기 전에 대부업체의 대출금을 걱정해야 하는 대학생들에 대한 현실적인 대책이 절실하다. 서민들이 경제적으로 어려움을 겪어 많은 대학생들이 대부업체에서 대출을 받아 생활하고 있어 이들 대학생들의 장래가 걱정스럽다.

이들의 대출금 연체율 증가는 비싼 등록금, 그리고 청년실업과 매우 밀접한 관계가 있다. 부모와 대학생이 땀 흘려 일을 해도 모자라는 게 현재 대학의 등록금문제다. 학자금 대출도 모자라서, 대부업체에까지 손을 내밀어야 학자금과 생활비를 겨우 마련할 수 있는 게 우리나라 대학생들의 현실이다.

올해 상반기 말까지, 대부업체로부터 돈을 빌린 대학생은 4만 7,945명이다. 이는 지난해 같은 기간에 비해 57.2%가 증가한 것이다. 대출금도 40.4%나 늘어 모두 794억 6,000만 원에 달했다. 이에 따른 연체율도 급증하였다. 원리금을 갚지 못해 연체된 대출금은 무려 118억 1,000만 원이나 된다.

대출금이 77.5%가 늘어나, 전체 대부업체의 연체율의 두 배인 14.9%나 되는 현실이다. 이는 대학생 5만여 명 중 적지 않은 수가 이미 신용불량자라는 낙인이 찍힐 위기에 처한 현실을 해결할 수 있는 대책을 시급히 세워야 할 때다. 아직 사회진출도 하지 않은 대학생이 신용불량자가 되어 고통받는 일을 외면해서는 안 될 일이다.

오랜 취업 전쟁에 시달리고 있지만, 매번 취업을 앞두고 좌절하는 청년실업 문제는 갈수록 심각해지고 있다. 더구나 재학 시절 빌린 돈을 갚지 못해 사회에 첫발을 내딛기 전부터 신용불량자로 전락할 수밖에 없는 최악의 상황을 국가와 사회가 우선적으로 해결해주어야 한다.

대학생의 대출규모 연체율 급증은 금감원의 조사 결과에서도 나타났다. 이번 조사는 대규모업체인데 여기에 소액대출을 취급하는 소규모 대부업체까지 조사하면 피해 규모는 훨씬 커질 수 있다. 적지 않은 대학생들이 몇십만 원 등 소액 대출을 받기 위해 전단이나, 휴대전화 광고 등을 이용하고 있다.

대학생들은 액수가 큰 학자금 대출도 있지만, 생활비나 유흥비 등 액수가 적은 금액도 대출받는 학생들도 상당히 많은 현실이다. 문제는 아르바이트로도 감당할 수 없을 정도로 대출규모가 커지는 경우가 많아지고 있다.

이럴 경우 졸업 후 바로 취업이 어렵고 실직상태에서 대출금을 갚지 못해서 신용불량자가 되는 경우가 많기 때문에 문제가 심각하다. 이에 따른 대학생 파산 사태가 크게 우려된다. 사회적 진출 앞에서 신용불량자로 낙인이 찍힐 경우 미래가 너무나 절망적이다. 이런 비극적인 일이 없도록 국가와 사회가 적극적으로 나서야 한다.

기획재정부 국정감사 자료에 따르면, 대학생 신용불량자는 2007년 3,785명에서 2010년 2만 6,000명으로 급증했다. 원리금을 갚지 못해 신용회복위원회를 통해 개인워크 아웃을 상담한 20대 신용불량자도

2005년 이후 8만 4,227명에 이른다. 대학생의 대부업체 대출이 늘어나는 건 천정부지로 솟는 대학 등록금이 일차적인 문제다.

학자금을 마련하기 위해 대부업체를 찾은 학생들이 빌린 돈은 1년 새 251억 5,000만 원에서 34% 증가된 336억 8,000만 원에 이르고 있다. 이러한 현실 속에 최근 사회적 문제로 대두되면서 대학등록금 반값 운동이 일어나고 있으나 대안은 없는 실정이다. 대학 역시 등록금 인하보다는 장학금 확대라는 대안을 내놓고 있으나 효과는 기대하기 어렵다.

금감원은 대부업체를 이용한 이들 대학생에 대해 정부가 지원하는 한국장학재단의 연 4.9%의 저금리 학자금대출로 유도할 방침이다. 대학생 대상 대출을 자제하고 돈을 갚지 못한다는 이유로 부모 등 제3자의 대위변제를 강요하지 말도록 대부업체 240곳에 지도공문을 보냈다. 앞으로 대학등록금 문제를 정부와 사회 차원에서 지원해주는 획기적인 대책마련이 절실하다.

돈이 없어 대학생활이 어려워 고통받는 학생들에게 격려와 위로를 해주어야 한다. 젊은이들이 대학을 졸업한 후 사회에 첫발을 내놓으며 오직 희망과 꿈을 펼치면서 생활할 수 있는 사회적 분위기를 조성해주어야 한다. 취업은 생존권의 보장을 의미하는 기본이기도 하다. 자본주의 사회에서 일자리를 잡지 못하면 존재가치를 상실하는 것과 같을 수도 있다.

오직 내일의 꿈을 행해 현실의 어려움을 극복해갈 수 있는 사회적 노력이 절실하다. 지방자치단체와 지역사회에서는 지역에 있는 대학을 적극적으로 지원하는 일에 앞장서야 한다. 장학금과 후원금을 조성하여 경제적으로 지원해주고 졸업생을 취업시키는 일에도 적극 나서야 한다.

대학은 지역사회발전에 선도적 역할을 하면서 지역 출신 학생들의 취업에도 깊은 관심을 갖고 적극적으로 지원해주길 바란다. 특히 지역발전전략과 깊은 협력관계를 맺어 졸업생들을 대거 취업시킬 수 있는 대학의 특성화도 필요하다.

글로벌시대에 따른 지역의 특성화사업을 대학과 협력할 필요가 있음을 강조한다. 가장 중요한 대학 시절에 부채로 걱정 하는 일이 없어야 한다. 대학 시절에 학문탐구와 인격연마에 최선을 다할 수 있도록 여건을 만들어주어야 한다. (2011.8.8.)

32. 바다의 전화

　사랑하는 둘째 아들, 바다가 7일 오후 8시 비행기 편으로 미국에 갔다. 다음 날 저녁 8시에 LA에 도착했다고 국제전화가 왔다. 비행기 값을 줄이려고 동경을 경유하는 값싼 미국행 비행기를 이용하였다. 매사에 빈틈없는 바다이기에 비행기 삯마저도 철저하게 챙긴다. 2주 일간의 이번 방미여행은 지도교수와 국제학술세미나에 참석하기 위해서다. 일행 9명 중 바다가 막내이지만 자잘한 일은 어려움 없이 알아서 하는 눈치다. 바다는 항상 자기가 할 일을 충실하게 열심히 하여 타인으로부터 인정받으며 당당하게 생활하고 있다.

　매사에 충실한 바다의 일상적인 행동에 믿음이 간다. 식사에서 공부에 이르기까지 모든 것이 규칙적이고 당당하기 때문에 걱정을 할 필요가 없다. 염려와 걱정을 하지 않아도 되는 듬직한 막내아들 바다가 자랑스럽다. 자유로운 영어회화와 통역으로 국제회의에 부담을 느끼지 않는 바다이다. 몇 년 전에 영국에서 1년간 어학연수를 이수한 결과이기도 하지만 항상 자신의 실력향상을 위해서 부지런히 자기관리를 해오고 있기 때문이다. 학창 시절 잠자지 않고 노력한 결과로 영어회화에 자신감을 갖게 되었다.

항상 믿음이 가고 기대가 한 몸에 모아지는 사랑하는 아들 바다이다. 젊음의 재산은 실력을 쌓고 자신감을 키우며 매사에 적극적인 도전을 해가는 데 있다. 변동하는 미래사회를 예측하며 적절한 준비를 충실하게 하여야 직장 구하기가 어렵지 않다. 재작년에는 우주항공학과에서 하늘을 날으는 자동차를 설계하여 전국대회에서 최우수상을 받기도 하였다. 출품작 제작을 위해서 수많은 날을 밤새워 작업하기를 즐겨 하였다. 매사를 두려워하거나 싫어하지 않고 즐겨 하는 적극적인 도전정신이 대단하다.

끊임없이 자신감을 갖고 도전한 결과는 항상 자신감을 주기 마련이다. 도전의 과정을 어렵게 생각하지 않고 성취의 희열을 즐기는 아들 바다가 대견스럽고 자랑스럽다. 바다는 항상 잠을 자지 않고 힘들게 공부하여야 영광의 앞자리가 온다는 사실을 즐겁게 이야기한다. 물론 때로는 졸음을 참아야 하고 힘들어하는 모습이 눈에 선하지만 이를 당당하게 이겨내는 모습이 대견스러울 뿐이다.

반짝이는 열정의 눈빛이 마음에 평온을 준다. 경쟁에서 승리하기 위해서는 실력을 쌓아야 하며 이를 위하여 불철주야 피나는 노력이 필요하다. 이번 국제학술대회에 참석하여 우주항공의 미래를 생각하고 꿈을 키울 수 있는 계기가 될 것이다. 여행결과에 확신을 갖고 기쁜 마음으로 용돈을 조금 주었더니 엄마한테 이야기를 한다. 매사를 항상 공개적이고 당당하게 생활해가고 있다.

어느 날 저녁에 바다가 나에게 이런 이야기를 하였다. 학교에서 조교로 매월 받는 돈을 저축한단다. 이 돈으로 엄마와 아빠를 모시고 자신이 가보지 않은 동남아시아 여행을 겨울방학 때에 가자고 제안하였다. 부모를 생각하는 넓고 포근한 마음이 감동을 준다. 보편적으로 부모에게 용돈을 받아서 자신이 쓰기에 항상 부족한 학생들과 구분이 된다. 부모와 친구를 생각하면서 항상 성실하게 생활하려 노력하는 바다가 대견스럽다.

자신의 할 일을 스스로 알아서 충실하고 성실하게 추진해가는 바다의 모습이 항상 대견스러울 뿐이다. 미래의 국가지도자로 당당하게 리더십을 발휘할 바다가 내 아들임이 자랑스러울 뿐이다. 매사에 충실하고 기계처럼 맡은 일을 빈틈없이 추진해가는 생활자세가 참으로 당당하고 의젓하다.

바다는 돌아가신 할아버지의 각별한 사랑을 받으면서 유치원에 다녔고 학창 시절을 보냈다. 절대로 규범을 벗어나지 않으며 매사를 최선을 다하는 모습이 모든 사람으로부터 인정을 받게 되었다. 미래사회는 실력과 정의가 존중되는 인간을 사랑하는 사회가 될 것이다. 이에 바다는 존경받는 귀한 인재가 될 것임을 확신한다.

인간을 진심으로 존중하며 자신의 역량을 이들을 위해서 헌신하고 봉사하는 사람이 되어야 한다. 이에 바다는 충실한 자세를 확립해가고 있어 믿음이 간다. 사랑하는 바다야, 항상 건강 지키고 미래를 도전의 승리로 이끌어가기에 최선을 다하기 바란다. 실력에 맞게 생활하면 이에 따른 직장을 찾을 수 있고 할 일이 있는 현실이 그렇게 어렵기만 하지 않다.

자신의 실력을 쌓고 다양한 경험으로 이론과 실제의 능력을 키워가길 바랄 뿐이다. 일상생활도 그러하지만 학문의 길도 성실과 진실이 우선이다. 사랑하는 아들 바다의 넘치는 열정과 진실한 학문탐구 작업에 항상 자신과 의욕이 넘치기를 기원할 뿐이다.

그런 가운데서도 대화가 되는 여자 친구가 네 곁에 있다는 게 여간

다행스럽지 않다. 두 사람 관계도 날로 발전하여 후일에 아름다운 사랑을 맺기 바랄 뿐이다. 성숙이 낳는 삶의 현장을 가끔 볼 수 있음이 즐거운 것은 바다의 참사랑의 열매를 기다리기 때문이다. 사랑하는 아들 바다야, 최선을 다하며 진정으로 행복한 삶을 영위해가길 기원한다. 사랑하는 바다야! (2011.8.8.)

33. 풀벌레 울음소리

오늘이 입추, 양력으로 8월 8일이다. 폭우와 무더위에 지친 여름을 보내고 시원한 가을을 맞이한다는 입추지절이 왔다. 올 들어 처음으로 입추 날에 맞춰 우리 집 정원에서 스름스름 풀벌레가 울어댄다. 초저녁에 울기 시작하여 아침 7시까지 쉬지 않고 신나게 울어댄다. 우리 집 정원에도 수십 마리의 가을벌레들이 살고 있음이 확인된다.

짝을 찾는 애절한 풀벌레의 울음소리가 이리도 아름다울까. 짝을 찾아 교배를 하고 2세를 생산해낸다. 풀벌레의 사랑의 노래를 진지하게 들을 수 있음이 커다란 기쁨이다. 도심에서 가을벌레 울음소리를 들을 수 있음도 축복인가 보다. 서로를 확인하고 알리면서 울어대는 풀벌레의 생명력에 존재 의미를 생각해본다. 물론 나를 찾는 풀벌레 같은 사랑은 오지 않지만. 이들의 소리라도 들을 수 있는 것이 다행스럽다.

입추 날에 빠지지 않고 울어대는 풀벌레의 울음소리가 참으로 즐겁고 신기할 뿐이다. 만물이 익어가는 가을을 향해서 마지막 노래를 밤새워 불러대는 풀벌레가 사랑스럽다. 가을벌레는 계절이 흘러가고 있음을 본능적으로 파악하고 있나 보다. 시간의 흐름과 계절의 분위기를 너무나 정확하게 파악하는 것 같다.

요즈음 집에 있는 시간이 많은데 빗소리 그치면 매미의 울음소리를 듣고 저녁에는 TV보다 풀벌레 울음소리를 들을 수 있는 환경에 감사할 뿐이다. 2층집 단독주택의 작은 정원이 풀벌레의 보금자리가 되고 있음이 감사할 따름이다. 수많은 풀벌레들의 터전이 되어 마음껏 노래하며 살아가는 것을 생각하니 풀벌레나 사람이나 삶의 의미가 같다는 생각이 든다.

매미도 한 번 울 때에 일이 분씩 울어댄다. 한 번 울고 나서 잠깐 쉬고 다시 맴맴 운다. 불과 2주일을 살려고 3년간 굼벵이로 쓰레기 더미에서 살아온 지난 시간을 아쉬워하며 제 짝을 찾기에 분주히 울어댄다. 맴맴맴~ 울어대는 매미의 짝 찾기가 저리도 어려운가를 생각해본다.

유난히 비가 많이 온 금년이라 매미는 짝을 찾지 못하고 생을 마감하는 경우가 많을 것이다. 짝을 찾아서 애벌레가 될 2세를 낳아야 하는데 참으로 안타까운 일이지만 어쩔 수 없다. 비가 내리면 울던 매미는 울음을 그치고 비를 피하는 것 같다. 금년처럼 긴 장마철이 사람들을 괴롭히고 있으나 풀벌레는 시간 감각을 어쩌지는 못하는 것 같다.

계절의 흐름을 풀벌레는 어떻게 기억할까 아무리 생각해도 이해가 안 간다. 신기로운 풀벌레들의 계절감각을 생각하는 시간이 아름다울 뿐이다. 암컷을 찾아서 애타게 울어대는 수컷의 사랑노래가 아름답게 가슴을 설레게 해준다. 종족을 번식하기 위해서 짝을 찾는 사랑의 노래가 아름다운 정서를 키워준다.

신경이 예민한 사람은 단잠을 자지 못하고 뒤척이기도 하지만 가을 풀벌레 울음소리는 소중하고 아름답다. 우리의 젊은이들도 사랑의 짝을 찾아서 진실로 사랑을 고백하고 이의 실현을 위해서 최선의 노력을 다하여야 한다. 사랑하는 사람의 마음을 받아들이고 이를 위해서 최선을 다하는 자세를 가져야 한다. 사랑이란 말만 들어도 가슴 설레는 젊은 날의 시간 속에 가을 풀벌레 울음소리를 가득 담아보면 어떨까.

가을날에 풀벌레가 짝을 찾아서 울어대듯이 남녀 젊은이들이 사랑을 찾아 노래하고 노력하는 자세는 축복이다. 나는 항상 젊은 대학생들과 아름다운 대자연을 생각하면서 생활하고 있음에 감사할 뿐이다. 물론 현실적으로 취업과 삶의 독립을 위한 책임과 노력이 수반되지만 아직은 학문을 하며 친구와 추억을 만들 수 있음을 고맙게 생각한다.

철 따라 시간의 흐름을 절감하고 이에 맞춰서 정서를 키워가는 삶은 행복하다. 특별히 가을을 향한 시간이 더욱 아름답고 고마울 따름이다. 이름 모를 수많은 풀벌레들의 울음소리가 넘쳐흐르는 단독주택에서의 삶이 퍽이나 평화롭고 감사하다. 다정한 친구처럼 이야기를 나누지는 못하지만 고운 풀벌레 울음소리를 들을 수 있음이 퍽이나 여유롭다.

사람의 행복이란 주어진 여건 속에서 아름다움을 찾아내서 즐기는 데 있다. 복잡한 도심 속에서 정겨운 풀벌레가 있음이 대자연의 순리이며 노래인 것 같다. 내가 지금 살고 있는 집이 고맙고 풍요로울 뿐이다. 세상만사가 복잡하지만 계절의 흐름을 인지하고 감사할 수 있는 마음은 항상 행복을 노래하고 느끼게 해준다.

지나가는 여름날의 뒤편에서 풀벌레 울음소리를 고마워하는 자신은 얼마나 남에게 기쁨과 고마움을 느끼게 해주었는지 한 번 생각해 본다. 우리가 살아가는 동안 항시 남을 먼저 생각하고 배려하는 마음을 가져야 한다. 가깝게는 집안사람들로부터 이웃 모든 사람에게 미소 지으며 기쁜 마음으로 대할 때에 사랑은 싹트기 마련이다. 아름다운 이웃사랑을 키워가면서 풀벌레 같은 즐거운 노래를 불러야 한다. (2011.8.9.)

34. 할머니의 감나무 사랑

　할머니는 겨울 홍시를 무척 좋아하셨다. 냉장고가 없었던 60년대에는 가을에 수확한 감을 질그릇 옹기에 담아두어 홍시를 만들어서 손자들에게도 주시고 즐겨 잡수시기도 하셨다. 이 시절만 해도 과자와 빵 같은 간식거리가 귀한 때여서 홍시는 아주 소중한 주전부리용으로 사랑을 받았다. 치아가 없는 할머니는 부드럽고 말랑거리는 홍시를 즐겨 드셨다.

　할머니는 이사 가는 집의 앞마당에 감나무를 반드시 한두 그루씩 심으셨다. 할머니 생전에 이사를 두 번 갔는데 모두 감나무를 한두 그루씩 심어서 할머니의 각별한 사랑과 관심을 받았다. 마지막으로 이사 간 집은 대지가 2백 평이 넘는 도로가 집이었다. 널찍한 마당에 20년이 넘는 커다란 감나무 한 그루가 있었다.

　물론 할머니께서 감나무를 심으셨다. 해마다 풍성하게 열리는 감나무를 할머니는 항상 바라보고 기뻐하셨다. 이곳에서 많은 감을 따 먹고 곶감도 만들어 먹었다. 할머니는 집안의 감나무가 있어 행복하셨다. 지금 내가 살고 있는 2층집에는 두 그루의 감나무가 있어 매년 수백 개의 감을 딸 때마다 할머니를 생각한다. 집사람이 음식을 만드는 솜씨가 있어 가을에 딴 일부 감은 껍질을 깎아서 장아찌와 곶감을 만든다. 집 안에 있는 두 그루의 감나무가 우리 집의 소중한 과일나무 역할을 톡톡히 한다.

정원이 부족하여 감나무는 도로까지 뻗어서 감을 키우고 있으나 이웃사람 누구 하나 감나무의 그늘에 대하여 이의를 제기하지 않고 있음이 퍽이나 다행스럽다. 우리나라 사람들의 인심은 나무 한 그루 풀 한 포기도 아끼고 사랑할 줄 안다. 무더운 여름철에는 남쪽으로 뻗은 감나무 가지가 그늘을 드리운다. 우리 집 감나무는 이웃 간의 신뢰와 사랑을 나누면서 살아가게 하는 것 같다.

할머니는 마당을 거닐면서 감나무를 바라보시고 계절을 생각하시며 사랑하는 손자들과 이야기를 즐겨 하셨다. 항상 덕담과 소망을 말씀하시던 할머니였다. 손자들 잘되라고 지극 정성으로 기원하시던 할머니의 사랑이 넘쳐흘렀다. 지금의 우리 부부는 뜨락의 의자에 앉아 가끔 감나무를 쳐다보며 일상의 이야기를 한다. 이른 봄에 흰 감꽃이 피면 할머니는 떨어지는 꽃을 아쉬워하며 싸리비로 쓸어내었다. 누구보다도 부지런하시고 깨끗한 집안환경을 만들면서 생활하셨던 할머니의 유별난 감나무 사랑은 지금도 내 마음속에 훈훈히 남아 있다.

나는 틈틈이 감나무 그늘에서 소위 호랑이 담배 피운 이야기에서부터 옛날 장맛비 이야기에 이르기까지 정겹고 마음 설레는 다양한 옛날이야기를 할머니로부터 들으면서 자라났다. 호랑이가 문밖에서 할머니가 우는 손자를 달래려고 곶감 준다니까 아기가 울음을 그치자 호랑이는 자기보다 더 무서운 곶감이 있음을 인식한 후 집 안을 떠나버린 이야기서부터 끝이 없는 옛날이야기를 참으로 많이 알고 계셨다.

집안의 감나무는 항상 할머니의 관심 속에 길흉을 노래하며 시간을 보낸 것 같다. 미풍의 봄바람에 감꽃을 미련 없이 떨어트리고 여름날의 강풍을 이겨내고 서늘한 가을이 오면 노란 감을 키우기에 여념이 없었던 것 같다. 감꽃 피는 4월부터 홍시 따는 11월까지 감나무 사랑은 할머니에게 커다란 기쁨을 주었다.

아마도 할머니는 감나무에 많은 감이 열리고 잘 자라나는 모습을 기쁨으로 생각하며 많은 시간을 보내신 것 같다. 하얀 감꽃이 무수히 떨어지는 4월의 앞마당은 할머니의 감 사랑과 축복으로 넘쳐났다. 유난히 장마와 바람이 거셌던 올해에는 감 수확량이 많이 줄어들 전망이다.

정원과 길섶에 떨어진 감을 바라보면서 돌아가신 할머니를 생각한다. 인정이 넘쳐흐르는 할머니는 손자며느리의 집안일을 걱정하며 수고함에 미안한 마음을 한시도 잊지 않으셨다. 크고 작은 집안일을 직접 챙기시고 식사 때가 되면 밥을 지으시기를 주저하시지 않으셨다. 항시 주방에서 음식 만들기를 즐겨 하셨던 모습이 지금도 눈에 선하다. 부지런하시고 가족과 이웃에게 끊임없는 사랑을 베푸시던 할머니의 사랑이 항상 마음에 머물고 있음이 다행스럽다.

진정한 사랑은 타인을 배려하고 그의 필요성을 파악해서 적절한 베풂에 있다. 할머니로부터 체험적으로 사랑을 깨달은 것이다. 할머니는 항상 가족과 이웃을 위해서 베풂에 최선을 다하셨다. 할머니 같은 평온하고 너그러운 마음을 지금껏 어디서도 찾아보지 못하였다. 사랑과 인자함으로 가득한 할머니의 인품에 삶의 의미를 생각하며 당당하게 살아갈 수 있음이 다행스러울 뿐이다. 조건 없는 사랑과 남에게 무한정한 베풂이 진정한 사랑이란 사실을 나는 할머니의 삶을 통해서 알게 되었다.

남들이 건강하고 잘되기를 소망하면서 감나무를 사랑했던 할머니 생각이 새롭다. 지금은 이 세상에 안 계시지만 나는 언제까지나 할머니를 영원히 사랑하고 존경하리라. (2011.8.10.)

35. 망우초 향기

　세상만사를 대자연의 원리대로 살아가는 여유를 가져야 한다. 매사에 조급하지 않고 넉넉한 마음을 갖고 여유를 즐길 줄 아는 삶을 살아가야 할 때다. 아무리 시간에 쪼들려도 계절의 흐름에 따라 피고 지는 무궁한 꽃들의 아름다움을 즐기면서 조국을 사랑하여야 한다. 조국을 상징하는 무궁화 꽃의 아름다움을 잊어서는 안 된다.

　산속의 야생화 보기가 어려우면 농촌 길섶에 핀 들꽃을 보고 즐기며 기쁨을 느낀다. 이름 없이 피었다가 지고 마는 들꽃의 자태를 보면서 인간의 겸손함과 여유를 배워야 한다. 국제사회의 경쟁과 갈등의 심화는 피눈물 나는 노력을 요구한다. 이를 잘 조정하고 적응하며 당당하게 살아가는 훌륭한 사람들의 빛나는 눈동자가 여유를 갖게 해준다. 반면에 길섶의 풀 한 포기와 산속의 야생화 한 송이에 행복을 느끼며 여유롭게 살아가는 사람들의 풍요로움이 대견스럽다.

　금년 가을에는 지루했던 여름장마의 눅눅함을 벗어던지고 보다 명쾌하고 청명한 시간을 보낼 생각이다. 마음을 활짝 열고 세상을 넉넉하게 수용하는 자세를 가져야 한다. 세상을 살다 보면 말 한마디에 화가 나기도 하고 고맙기도 하다. 이를 항상 고마운 마음을 갖고 아름다운 말만 사용하기가 쉽지 않다. 넉넉하게 생각하고 이해하며 용인할 줄 아는 마음을 가져야 한다.

대자연이 각양각색으로 조화를 이루고 있듯이 우리 사회도 다양한 특성과 관계를 맺으면서 여유롭게 살아가야 한다. 나는 복잡한 세상만사를 생각하다가 종종 옥상의 화분에 붉은 고추가 익어가는 모습을 보고 미소 지을 수 있음이 퍽이나 고마울 뿐이다. 아침저녁 끼니마다 옥상의 고추를 하나씩 먹을 수 있는 것도 도심에서 사는 사람에게는 커다란 즐거움일 수 있다. 일상생활에서 부족함을 느낄 때에 귀한 대접은 반드시 매사에 깊은 관심을 갖고 소중하게 여길 때에 가치가 있다.

나는 아직도 돌 하나, 풀 한 포기를 소중하게 여기고 있음이 퍽이나 다행스럽게 생각한다. 사는 날까지 존재하는 모든 것에 대한 가치를 인정하고 감사함을 느낄 것이다. 진정한 사랑과 인간에 대한 존엄성도 대자연을 사랑하고 감사할 줄 아는 마음을 가질 때에 성장하게 된다. 변화무쌍한 대자연의 흐름을 인지하며 신비로운 변화와 창조에 감사함을 느낄 수 있음이 고맙다.

위대한 대자연의 흐름에 따라 깊은 사색을 할 수 있음도 대자연이 나에게 주는 고마움이다. 무더위를 물리치고 불어오는 바람이 시원하기 짝이 없다. 단독주택의 여유로운 공간은 도시생활의 고달픔을 잊게 해준다.

8월 21일 오후 3시에 집사람이 밖에서 나를 부른다. 우리 집 뜰아래 피어난 망우초의 은은한 향기를 맡아보란다. 나는 망우초 하얀 꽃 옆에 서서 은은히 풍기는 그윽한 향기를 맡아본다. 참으로 여유 있고 행복한 시간이다. 빗속에서 하얀 꽃줄기를 내밀고 피어난 망우초의 은은한 향기가 마음속에 평온을 심어준다. 망우초의 향기를 매년 즐기면서 무척이나 꽃향기를 좋아하는 아내가 새삼 고마울 뿐이다. 나도 우리 집 망우초처럼 남에게 작은 향기 같은 아름다운 이야기를 하며 항상 미소 짓는 얼굴로 살아가리라.

사물은 어떤 시각을 갖고 보느냐에 따라서 달라지기 때문에 긍정적이고 아름답게 보아야 한다. 망우초는 옥잠화라고도 부르며 백합과(百合科, Liliaceae)에 속하는 다년생화초이다. 중국에서 들어온 식물로 우리나라 여러 곳에서 널리 재배되고 있다. 뿌리줄기는 굵으며 둥근형의 잎은 잎자루가 길며 길이 15~22cm, 너비 10~17cm 정도로 끝은 뾰족하고 기부는 오목한 심장형이다. 잎맥은 가장자리와 평행한 나란히 맥이다. 꽃줄기는 뿌리에서 높이 올라오는데 길이가 60cm에 이르고 흰색의 긴 깔때기 모양의 꽃은 총상(總狀)꽃차례를 이룬다. 열매는 삭과(蒴果)로, 삼각형 모양의 원주 형태이며 길이가 6.5cm 정도이다. 밀원식물로 잎과 꽃이 아름다워 원예용으로 재배되며, 잎은 식용한다.

꽃이 갖고 있는 아름다움은 순수함과 넉넉함이 있기에 어떠한 풍자나 추측 같은 일이 없다. 망우초의 하얀 꽃 모양은 아름답지는 않지만 은은한 향기는 정말로 어떤 화장품과 비교할 수 없는 순수함과 은은함이 가득하다.

2층집 처마 밑에서 비 맞으며 당당하게 자라나 하얀 꽃을 피운 망우초의 사랑스러움이 내마음속에 한동안 머물고 있음이 퍽이나 행복하다. 망우초 향기를 맡으며 우기의 눅눅함을 이겨내고 내일의 과제를 충실하게 하리라. 조건 없이 비바람을 맞으며 처연하게 피어나 은은한 향기를 풍기는 망우초의 존재가치에 감사할 뿐이다.

비를 맞으면서도 밤에도 하얀 꽃을 피우는 망우초의 일관됨이 대단하다는 생각이 든다. 은은한 향기를 항상 내뿜으며 나에게 정을 느끼게 해주는 하얀 꽃이기에 더욱 소중하다. 망우초는 매년 아름다운 꽃을 피우는 것을 잊지 않고 굳건히 자라나니 다행이라는 생각이 든다. 하얀 꽃뿐만 아니라 넓고 푸른 잎도 여유롭고 대견스러울 따름이다. (2011.8.25.)

36. 자연스러운 일

　따사로운 봄날에 뿌린 씨앗이 어느덧 결실을 맺는 가을을 향하여 가고 있다. 시간은 늘 여일하게 흘러가기 마련이지만 금년 여름은 예보된 강우를 넘어서는 긴 비로 모두 후줄근하게 넘어간 것 같다. 쨍쨍한 불볕이 그리울 정도로 해가 나온 날이 반가운 여름을 보냈다. 빤한 날이 없이 며칠이고 내리는 비는 사람들은 물론 모든 생물에게도 고통의 시간이 되었을 것이다.

　걱정되는 것은 곧이어 가을장마가 있을 것이라는 기상 소식이다. 수해를 당한 농부의 작물이 수해 현장의 뉴스 장면으로 비쳐지고 상품의 질이 떨어진 과일과 채소는 가격도 무섭게 올랐다. 여름 과일의 대표식품인 수박이 복숭아에게 제일의 자리를 넘겨주고 제철 채소 열무가 한 단에 6,000원이나 되는 일이 벌어졌다.

　고추는 탄저병이 번져 가는데도 농약 할 새 없이 내리는 비로 한 번도 수확을 못한 채 뽑아내는 농가가 많아 벌써부터 가격이 들썩인다. 농자천하지대본인 시절에 생긴 말인 듯한 '가뭄 끝은 있어도 장마 끝은 없다'라는 말이 실감난다. 다만 한 가지 덕을 봤다면 한꺼번에 몰려온 비가 모기 서식처를 휩쓸어버려서 모기 개체수가 현저히 줄어든 것이다. 우리 집은 나무와 풀이 많아 아무리 조심해도 하루에 몇 방 물리는 건 예삿일인데 올여름에는 모기에 물린 적이 몇 번 되지 않았다.

그렇게 흐르는 시간도 절기는 어쩌지 못하나 보다. 입추가 일주일여 지나가자 어제까지 들리지 않던 풀벌레들의 청아한 소리가 여기저기서 들리기 시작한다. 기가 막히게 절기를 알리면서 단숨에 고지에 오르려는 생명처럼 낮이고 밤이며 쉬지 않고 울어댄다. 창문을 열고 잠자리에 드는 여름밤, 주위의 소음은 잦아드는데 높고 청청(淸淸)한 청으로 밤새 이어지는 구애는 청춘남녀의 열정에 조금도 뒤지지 않는다.

그에 비해 지난해 여름에는 귀가 아프게 그악스럽게 울었던 매미가 올여름에는 제대로 소리도 내보지 못한 채 스러져가는 듯하다. 비 내리는 날에는 울음을 멈추고 무엇을 하는지도 궁금하다. 수년에서 길게는 십수 년을 땅속에서 나무의 수액을 먹고 살다가 몇 차례의 우화를 거친 끝에 나무 위로 올라와서 고작 십여 일을 살고 마는 일생의 소리이기에 참고 들어줘야 한다고 생각하는데 그 매미 소리가 확연히 줄어든 것이 여름을 보내면서 새삼 느껴진다. 나무가 뿌리째 뽑혀지는 폭우가 하루가 멀다 하고 쏟아졌으니 아마도 매미의 생존조건에 상당한 타격이 된 것 같다.

그래도 살아남은 생명체는 그 삶을 다하고 있다. 향기로 벌과 나비를 부르던 꽃이 뜻을 이루면 어느 날부터 꽃향기가 맡아지지 않는 것처럼 끊임없이 울어대던 풀벌레도 어느 날부터 소리를 내지 않아 항상 뒤늦게 알아채게 한다. 지구 환경에 자연스럽게 살아가는 이들의 삶, 인간이 배워야 할 삶이 아닐까 싶다.

우리가 벌레라고 부르는 존재들이 어찌 보면 사람보다 더 나은 삶을 사는지도 모를 일이다. 흐르는 시간에 맞게 되어가는 대로 자연의 이치를 거스르지 않고 살아가고 있으니 말이다. 항상 제멋대로인 인간이 깊이 생각해볼 일이다. 우리가 사는 지구의 기상이변은 더 이상 이변이 아닌 상황에 처하고 있다.

올여름에 북극의 얼음이 한반도의 두 배 넓이가 녹았다고 한다. 이렇게 되면 한반도는 여름은 더 더워지고 겨울은 더 추워지게 된다. 지난겨울에도 모스크바보다도 더 기온이 내려간 날이 있을 만큼 혹한을 겪었는데 앞으로 점점 더 심해지는 게 눈에 보인다. 인간이 자연을 거스르고 추구한 문명의 이기를 누린 대가이다. 지구촌 곳곳에 자연재해를 유발하는 폭우, 혹한, 폭설, 폭서, 가뭄, 사막화는 그런 인간에 대한 지구의 응징이다.

작가 베르나르 베르베르는 "인간은 자기들이 지구를 상대로 도발할 때마다 지구가 응답한다는 사실을 아직 깨우치지 못했다. 그래서 이른바 자연재해가 일어날 때마다 깜짝깜짝 놀란다. 하지만 인간이 자연재해라고 말하는 것들은 인간이 어머니인 지구와 대화를 하지 않음으로써 생겨난 인재(人災)일 뿐이다(<신> 중에서)"라고 말했다. 맞는 말이라고 생각한다.

우리의 아들딸, 손자손녀들에게 지금보다 더 살기 나쁜 환경을 만들어주고 싶은 사람은 하나도 없을 텐데 왜 나아지지 않는 걸까. 냉난방 없이 쾌적하고 하늘 높아지는 가을을 향한 복된 날에 잠깐 동안 잠 못 들게 하는 건 풀벌레 소리만은 아닌 것 같다. 나는 오늘도 아름다운 대자연의 흐름에 감사하며 즐길 뿐이다. 지금은 잠에서 깨어나는 짧은 시간의 생각이 너무나 감사하다. (2011.8.24.)

37. 옥수수 사랑

    옥수수는 우리 민족의 간식용으로 일반서민들의 사랑을 받아온 작물이다. 언덕 밭 가장자리에 옥수수를 심어서 식량과 간식용으로 사용해왔다. 비옥하지 않은 토박한 황토 땅에서도 잘 자라난다. 여름철의 태풍에 옥수수가 쓰러지면 열매를 잘 맺지 못하지만 그런대로 태풍에 잘 견디며 열매를 맺는다. 바람에 쓰러진 옥수숫대에서 꽃을 피우고 알곡을 맺어간다. 알맹이에 달려 있는 옥수수수염이 시들면 잘 익었음을 알 수 있다. 누구나 잘 익은 옥수수를 손쉽게 딸 수 있는 것도 이 때문이다.

    요즈음은 산속의 멧돼지가 밭으로 내려와서 옥수수를 먹이로 먹고 있다. 유독 산악지대가 많은 강원도 지역은 옥수수를 많이 생산하여 이를 주로 식용으로 사용하고 있다. 넓은 밭에 옥수수를 수천 평씩 재배하는 강원도다.

    어느 지방농과대학에서는 크고 맛이 있는 옥수수 품종을 개량하여 농민들이 많이 재배하고 있다. 알알이 익은 커다란 옥수수를 솥에다 삶아서 뜨거울 때에 먹는 맛은 일품이다. 흔히 제일 많이 이용하는 것이 솥에다 옥수수를 쪄서 하모니카 불듯이 먹는 것이다. 30cm 정도

되는 옥수수 한 자루면 식사대용으로도 가능하다. 이외에도 옥수수 가루를 이용하여 국수나 떡 같은 음식을 만들어 먹는다. 옥수수는 가난하고 어려운 사람들에게는 보배 같은 식량 역할을 해왔다.

지금의 청소년들은 옥수수를 즐겨 먹지 않는다. 맛있고 다양한 과자와 빵이 많기 때문이다. 금년에 아내가 주말농장을 몇십 평 가꾸면서 옥수수를 심었다. 그런데 품종이 좋지 않아서 옥수수가 보라색을 띠고 알이 아주 작게 열렸다. 팔월 말쯤 아내가 농장에 가서 옥수수를 수확하여 쌀자루에 4/1 정도를 담아왔다.

한결같이 작고 못생긴 옥수수라 호감이 가지 않는다. 아내가 옥수수를 솥에다 쪄 내와서 나는 몇 개 달리지 않은 옥수수 알을 입에 대고 열심히 먹었다. 서너 개를 먹으니 더 먹고 싶지 않았다. 옥수수 맛은 그런대로 먹을 만하다. 나도 어린 시절에 할머니께서 밭 가장자리에 심은 옥수수를 따서 쪄주시면 맛있게 먹었던 기억이 난다.

60년대에는 지금처럼 슈퍼마켓이나 상점 등이 없었던 시절이다. 이 시절에는 옥수수가 많이 열리면 이웃끼리 나누어 먹던 아름다운 인간관계를 만들어주었다. 옥수수 밭에서 사랑을 속삭이던 선배들의 낭만도 멋이 있었다. 옥수수 그늘 아래서 손을 잡고 사랑의 이야기를 속삭이며 거닐던 시간을 생생히 기억하는 사람들도 많이 있다.

지금은 가축사료로 주로 재배하고 있으나 일부농가에서는 아직도 밭두렁에다 옥수수를 심어 간식용으로 먹는다. 개량된 신품종의 옥수수는 한 자가량 되어 식용으로 각광을 받고 있다. 간식거리로 자주 먹던 옥수수를 생각하며 아내가 직접 재배해서 먹는 옥수수의 맛의 의미를 생각해본다.

도심에서 벗어나 한 시간 정도를 차를 타고 가면 주말농장에 다다르게 된다. 옥수숫대를 꺾어서 껍질을 벗겨서 친구들과 아삭아삭 씹어 먹던 추억도 잊을 수 없는 일이다. 척박한 땅에서도 잘 자라나는 옥수수의 끈질긴 생명력을 생각하며 매사를 실망하지 않고 정정당당하게 해나갈 것이다.

옥수수는 볏과에 속하는 한해살이풀로서 높이는 2~3m까지 자라나며 잎은 크고 길다. 꽃은 단성화로 수꽃이삭은 줄기 끝에 달리고 암꽃이삭은 줄기 중앙의 잎겨드랑이에 달린다. 열매인 옥수수는 녹말이 풍부하여 식용과 가축 사료로 사용한다. 옥수수의 원산지는 멕시코에서 남아메리카 북부에 걸친 지역으로 전 세계에서 재배하고 있다. 앞으로도 옥수수를 육종가들이 더 맛있고 수확량이 많은 품종으로 개발할 것이다.

어느 지방대 농대 교수가 옥수수 다수확 품종을 개발하여 북한에 보급한 사례가 있다. 옥수수는 이념을 뛰어넘어 가난하고 힘든 사람들에게 희망과 용기를 주었기에 소중하다. 농부들은 뛰어난 재배기술로 다수확 옥수수를 생산할 것을 기대한다. 하찮은 옥수수 같지만 어떻게 보면 우리 민중과 더불어 살아왔다.

어린이들이 옥수수의 수염을 잘라서 장난감을 만들면서 재미있게 놀던 모습도 추억 속에서 찾아볼 수 있는 광경이다. 모든 것이 부족하고 귀할 때에는 작은 것도 소중하기 마련이다. 물량이 넘쳐나면 귀하고 소중한 것도 외면 받게 된다. 금년에 아내가 심은 작고 붉은 옥수수는 크고 뛰어난 기존 옥수수의 외면 속에서 각광을 받는다.

노란 옥수수를 보면 형편없이 생긴 우리 집 옥수수가 생각난다. 거기에는 아내의 사랑과 노력이 숨어 있기에 소중하다. 여름날에 옥수수를 생각하며 즐겨 먹을 수 있음도 아내의 배려이며 사랑이다. 일상

생활 속에서 작은 노력에 의한 또 다른 시각과 관심은 삶을 넉넉하게 살아가게 해준다.

도심의 공터에도 옥수수 같은 작물을 심어서 나이 든 노인들이 지난 추억을 생각하면서 가꿀 수 있도록 해주는 일에 적극적으로 나서야 할 때이다. 모든 작물은 공간을 초월해서 사람의 관심과 보살핌 속에서 넉넉하게 성장해갈 수 있다. (2011.8.30.)

38. 추석날

오곡백과가 무르익는 풍성한 추석 절이다. 곡식과 과일이 넘쳐나고 백화마저 화려하게 피어나서 넉넉하고 아름다운 세상을 만들어준다. 땀 흘려 일했던 사람들의 작은 소망이 이루어져서 기쁨을 만끽할 수 있는 시간이 다가오고 있다. 길섶의 코스모스와 산속의 들국화가 가을의 대표적인 꽃인 것 같다. 빨간색, 분홍색, 흰색의 코스모스 꽃은 조화를 이루어서 바람결에 나부끼고 있다.

나는 추석을 60번 이상이나 맞이하였다. 농경사회에서는 일 년간 피땀 흘려 일한 결실을 거두어서 조상들께 감사 인사를 드리고 도시에서 생활하고 있는 친지들은 고향을 방문하여 동네 어른들께 인사를 올린다. 풍성한 먹거리와 넉넉한 인심이 오랜만에 묻어나는 날이다.

서로의 안부를 물으면서 위로해주고 격려해준다. 인정이 살아 있는 살기 좋은 사회를 만들어주기에 소중했다. 50년대 말 내가 초등학교 저학년 시절에는 추석을 맞이하면 우선 그동안 먹지 못하던 송편을 먹을 수 있어서 기분이 좋았던 생각이 난다. 할머니와 어머니께서 절구통에 쌀을 찧고 송편을 만들어 솥에서 쪄서는 동네 아이들과 맛있게 먹었다. 이때만 해도 마을에 슈퍼마켓이 없었으며 간식을 먹는

횟수도 매우 적었던 시절이다.

넉넉한 송편을 배불리 먹고 보름달을 바라보며 재미있는 놀이를 하던 때가 그리워진다. 올해는 유난히도 장마철이 길어서 평년보다 배 이상 비가 많이 내렸다. 과일이며 채소 등의 추석 연휴 농산물량이 반 정도가 줄어서 가격이 매우 비싸다.

소비자의 부담은 물론이고 생산농민도 상품이 감소하여 피해가 심하다. 금년 9월 12일의 추석은 아직 익지 않아서 붉은색이 아닌 푸른색의 대추를 사서 상차림에 놓았다. 말만 오곡백과이지 실제로는 흉년의 피해를 보고 있다. 한 해의 농사를 끝내고 오곡을 수확하는 때이므로 가장 풍성한 시기로 중추절·가배(嘉俳)·가위·한가위라고도 한다. 추석 절은 고대사회의 풍농제에서 기원하고 있으며 일종의 추수감사절이라고 볼 수 있다.

일 년 농사를 무사히 짓고 풍성한 수확을 할 수 있음에 감사하는 마음을 갖게 되어 즐기는 날이다. 삼국사에 따르면, 신라 유리왕 때 6부(六部)의 여자들을 둘로 편을 나누어 두 왕녀가 여자들을 거느리고 7월 기망부터 매일 뜰에 모여 밤늦도록 베를 짠다. 8월 15일이 되면 그동안의 베 짠 성적에 따라서 진 편에서 술과 음식을 장만하여 이긴 편에게 대접하였다고한다. 의복생산 활동을 장려하고 마을주민들의 정을 담아서 살기 좋은 마을을 만들어갔다.

고려시대에도 추석명절을 지냈다고 한다. 조선시대에는 선대왕에게 추석제(秋夕祭)를 지냈으며 1518년(중종 13) 때에는 추석을 설·단오와 함께 3대 명절로 정하였다. 조상에게 바치는 제물은 햇곡으로 준비하여 먼저 선보이며 1년 농사의 고마움을 햇곡식 음식으로 바치면서 전한다.

추석에는 풍성한 민속놀이로 씨름·소놀이·거북놀이·줄다리기 등을 즐긴다. 제주도 풍속에는 조리희(照里戲)라 부르는 줄다리기, 그네 뛰기와 닭 잡는 포계지희(捕鷄之戲) 같은 놀이가 있었다. 우리의 과거 농경사회 때에는 농산물을 수확하여 다양한 음식을 만들어 먹었다. 추절시식이라 하여 햅쌀로 술을 빚고 송편을 만들고 무나 호박을 넣은 시루떡도 만들었다. 햅쌀로 담근 맑은 동동주는 몇 잔 마시면 취기가 오르며 우리 민족이 즐겨 먹은 친근한 술이다.

아무리 바쁘고 힘들어도 추석 때에는 고향을 찾아서 부모님과 가족을 찾아뵙고 돌아가신 조상들의 묘소를 찾아 참배하는 풍습이 이어져 오고 있다. 우리 가정도 둔산동에서 사는 큰형님 집에서 추석을 보낸다. 음식을 장만하고 위패를 모아 제를 올린다. 형제들과 조카들 그리고 형수와 제수씨가 함께 음식을 먹는다.

물론 많은 음식을 준비하기에 여자들의 수고가 크다. 지금이야 모두를 시장에서 구입하여 요리하는 수고를 하면 된다. 문제는 오랜만에 만나서 안 하던 일을 하고 의견 차이로 다투게 되어 추석명절을 지나고 나면 이혼하는 비율이 높아진다고 한다. 부모님과의 의견 차이와 자라온 가정 간의 풍습 차이로 갈등이 심화되어 결국 이혼을 하게 된다. 이럴 바에는 차라리 추석명절을 없애는 것이 바람직하다는 생각이 든다.

그러나 한 번 더 생각해보면 조금 힘들고 어려워도 역사와 전통을 이어가면서 우리나라의 문화를 발전시켜가야 한다. 문화와 전통은 전래되고 가치 있게 평가되어야 하기 때문이다. 매년 맞이하는 추석 절이 금년에 유독 깊은 의미를 갖게 됨은 나이 먹은 탓이기도 한 것 같다. 우리 민족의 오랜 역사와 문화 속에서 이어 내려오는 추석 절이 아름답고 즐거워지길 바란다.

풍요와 넉넉함 속에서 조상의 감사함을 절감할 수 있는 추석 절이 되어야 한다. 멀어져가는 이웃 간의 인정을 키우고 집안 간의 우애를 신장시켜주는 일이 당면과제이다. 이를 위하여 서로를 이해하면서 도와주는 마음을 가져야 한다. 추석 절이 오곡백과의 풍성한 결실처럼 모든 사람이 경제적으로 여유를 갖고 살아가길 바란다.

경제적인 여유는 나누는 데 의미가 있으며 끝없이 더 가지려는 욕심을 내서는 절대로 안 된다. 인간의 한없는 욕심을 버리고 더불어 공유함으로써 기뻐지는 마음이 중요하다. 공공재화에 대한 공유의 의미를 일상생활 속에서 정착시켜가야 한다. 비단 재화뿐만 아니라 정신적인 사랑도 함께해가야 한다. (2011.9.13.)

39. 가을바람

　시원한 바람이 아침저녁으로 불어오면서 가을이 다가오고 있음을
느낄 수 있다. 가을맞이하는 마음에서 여유와 사랑이 자라고 있어 다
행스럽다. 지난 일을 잊고 새로운 아이디어를 생각하듯이 사색하고
연구하며 공부하기에 좋은 시간이다. 가을은 역시 선선한 바람이 일
면서 나타나기 시작하나 보다.

　지난여름날의 무더위는 사라지고 외출할 때에 점퍼를 입고 모자를
써야 되는 때가 왔다. 더위에 지친 시간이 물러가고 책 읽으며 일하
기 좋은 시간이다. 나는 항상 책 읽고 글쓰기에 많은 시간을 보내는
일상이 이어진다. 정해진 시간에 논문을 쓰고 교재를 만들어야 하기
때문에 오늘의 할 일을 내일로 미루지 않고 깔끔하게 정리하는 자세
를 가지고 있다.

　학자의 길을 걸어가는 희열은 연구하며 시간을 아끼고 잘 활용하
는 데 있다. 친구와 잡담하거나 잠을 자며 휴식을 취하는 데에 귀한
시간을 많이 보내서는 안 된다. 물론 지인들과 만나고 사사로운 세상
살이에 대하여 이야기하는 시간을 외면할 수는 없다. 잡담하는 시간
을 보내는 것도 어쩔 수 없는 일이다.

지나간 사사로운 우스운 일에 대하여 많이 이야기를 한다. 사람은 잡담을 통해서 많은 시간을 보내지만 그것이 재미있어 기억에 오래 남을 때에 추억이 된다. 지난 중고교 시절의 대화가 오래도록 남는 이유도 이와 같기 때문이다. 일상생활의 시간을 효율적이고 보람 있게 이용하는 사람은 매사를 적극적으로 대처해가기 마련이다.

자신에게 주어진 일을 충실하게 하면서 한 번 약속한 일은 어떠한 일이 있어도 꼭 지켜야 한다. 약속위반은 귀중한 남의 시간을 빼앗는 것으로 있어서는 안 될 일이다. 성실한 사람들의 시간운용은 마치 가을날의 바람처럼 기쁘고 시원하게 보낸다. 의미와 가치를 찾아갈 때에 보람되고 소중한 시간이 되기 마련이다.

규칙적인 삶을 습관화하여 생활화해가기란 쉬운 일이 아니지만 적어도 가을날만은 게으르지 않고 최선을 다하며 부지런하게 일하는 데 시간을 보내는 일에 앞장서야 한다. 지는 낙엽을 아쉬워하지 말고 울긋불긋 물든 단풍잎의 아름다움을 볼 줄 알아야 한다. 길가에 샛노란 은행나무 가로수의 아름다움과 고마움을 만끽할 줄 알아야 한다. 황량한 길가에 외롭게 홀로 피어난 코스모스 꽃을 바라볼 줄 아는 여유를 가져야 한다. 가을날에 거둬들인 농작물에 대한 고마움도 한 번은 생각하여야 한다. 농부들의 사랑과 정성이 깃든 산물이기 때문이다.

유한한 인간의 삶을 가치 있게 살기 위하여 최선을 다하는 노력이 절실하다. 학문이며 생산 활동 등의 자신에게 주어진 일을 열심히 함으로 공익에 기여하고 자신이 보람을 느낄 수 있게 된다면 행복한 삶이다.

하고자 하는 목표를 향해서 항상 최선을 다하는 자세가 중요하다. 결코 목표를 달성한다 하더라도 지속적인 노력으로 발전을 지향해야 한다. 물론 젊은이들은 데이트하기에도 좋은 시간을 잘 활용한다. 주변의 경치가 아름답고 이야기를 나누기에 적합하며 걷기에 호젓한 길을 선택하게 된다.

정다운 이야기를 나누며 아름다운 추억을 만들고 의미 있는 시간을 보내야 한다. 밤낮의 일교차가 심하여 아름다운 단풍을 만들기에는 적절하다. 나는 좀 더 많은 사색을 통하여 인간의 본질적인 문제와 대자연의 순리를 생각하는 데 시간을 투자하려 한다. 매년 다른 풀과 꽃들이 피고 지지만 사람들은 마치 같은 꽃이 피고 지는 것같이 생각한다. 대자연의 순환의 원리를 잊고 생각하지 않게 된다.

덧없이 불어오는 가을바람결에 아름답고 가슴 설레는 지나간 추억을 생각하리라. 솔솔 불어오는 가을바람을 맞으면서 깊은 사색에 젖어 삶의 의미와 가치를 찾아보는 것도 의미가 있다. 돈, 권력, 명예를 얻기 위해서 평소 깊은 관심을 갖고 쟁취하려 고민하고 노력해온 시간을 잊고 대자연의 위대한 원리를 따를 필요가 있다. 귀뚜라미 소리를 들으면서 밤 세워 세계문학 서적을 읽으며 독서의 재미에 빠져보는 기쁨은 가을에 더 클 수 있다. 영혼과 정신은 하나이다.

우리는 맑고 깨끗한 영혼을 위해서 수양하여야 한다. 욕심을 걷어내고 초롱초롱한 눈빛으로 세상을 볼 줄 알아야 한다. 사람은 욕심을 가지면 시각이 흐려지기 때문에 올바른 판단과 행동을 할 수 없다. 선선한 바람결에 묻어나는 벌레 울음소리의 경쾌한 분위기는 사람에게 여유와 낭만의 시간을 갖게 해준다.

나는 올가을에 좀 더 많은 순수과학소설을 읽을 것이다. 인간의 무한한 도전과 성취의 의미를 존중하면서 가치 있는 삶을 위하여 땀 흘려 일해야 하는 지혜를 깨닫기 위해서다. 시원한 가을바람처럼 지혜로운 삶의 방법을 제시하고 새로운 대책을 세워주어야 한다. 살랑이는 가을바람을 맞으면서 밤새워 정담을 나눌 수 있는 대상자를 일찍이 찾아두는 일도 중요하다. 탐스럽게 익은 곡식을 수확해서 정다운 사람들과 나눠 먹을 수 있는 떡을 만들어 보는 건 어떨까. 같이 먹을 수 있는 음식을 함께 만드는 일은 매우 의미 있는 일이다. 가을바람 맞으며 떡이며 전을 부쳐 먹는 일도 이웃 간의 정을 돈독하게 해 줄 것이다. (2011.9.21.)

40. 스승의 사랑

　나는 70학번이다. 본래의 나이보다 호적에 1년 늦게 등재되어 아홉
살 때에 초등학교에 입학해서 학교생활을 하였다. 7남매 중 둘째 아
들로 어린 시절을 부모님의 사랑 속에서 보냈다. 크지 않은 키에 당
찬 모습으로 매사를 적극적으로 생활해갔다. 때로는 지나친 놀이로
부모님의 마음을 상하게 하는 꾸중을 들었다. 이웃집 친구들과 싸우
기도 하고 쥐불을 놓기도 하였다.

　다행히 학업성적은 항상 상위를 달려서 부모님께 기대를 갖게 했
다. 초등학교에서 대학원까지 다니면서 많은 은사님을 만나서 사랑을
받으면서 학창생활을 보냈다. 때로는 회초리로 종아리도 맞고 손바닥
으로 뺨을 맞은 기억도 난다.

　중고생 시절에는 집에서 십 리가 넘는 먼 거리를 버스를 타고 통학
을 하였다. 버스 안에서 영어단어를 외우기도 하던 생각이 난다. 자유
분방했던 대학 시절에는 친구들과 술 마시기와 잡담으로 많은 시간
을 보냈던 것 같다. 술자리에서 정치 이야기와 사회모순에 대하여 주
로 이야기를 나누었다.

　나는 많은 서클에 가입하여 분주한 생활을 하였다. 대학 시절에 교

육학을 강의하셨던 교수님과 각별한 관계를 지금까지 맺어오고 있다. 그 선생님한테서 대학 시절에는 교육학 강의를 들었고 서클 지도교수로 모셔서 학창시절을 보람차고 재미있게 보냈다.

여름방학 때에 부여군에서 농촌봉사활동을 하였을 때에 교수님이 총장님을 모시고 오셔서 격려를 해주셨다. 지도교수는 내가 대학 시절 40대 초반의 미남 교수인 최근혁 님이었다. 잘생긴 얼굴에 학생들에게 항상 미소를 보여 주셨던 기억이 새롭다. 어느덧 시간이 흘러서 교수님은 올해 82세이다. 몇 년 사이에 주름살이 많아지신 모습이 안타깝지만 네 자녀 모두 대학교수, 의사 등 전문직으로 일 잘하고 있으니 자식 걱정 없으시고, 큰손자는 군대복무를 마치고 대학 4학년이라니 머지않아 증손자도 보실 행복한 분이시다. 사모님과 두 분이 받는 연금으로 경제적으로도 여유가 있으시고 지금껏 건강하게 생활해오시고 있으니 참으로 복 많으신 분이시다.

정년퇴직하고 건강을 유지하면서 걱정 없이 생활한다는 것이 쉬운 일이 아니다. 항상 웃음 띤 얼굴로 만났던 분이다. 넉넉한 마음의 여유를 갖고 근심 없이 살아간다는 일이 쉬운 일은 아니다. 아침저녁으로 걷기운동을 하면서 건강관리를 철저히 하신단다. 그동안은 자주 찾아뵈었으나 근자에는 전혀 연락을 드리지 못했다. 친한 친구가 교수님께 내 소식을 전하여 내가 건강 때문에 고생했던 일도 전하였다. 친히 나에게 전화를 걸어서 걱정하시면서 안타까워하셨다.

교수님이 점심을 사겠다고 그 친구와 나를 식당으로 안내했다. 점심을 먹으며 이런저런 이야기를 하면서 잠깐 사이에 두 시간을 보냈다. 정년퇴직 후 시간이 빠르게 흘러가는 것에 이야기하셨다. 종교 활동도 열심히 하신다. 환갑 지난 제자를 식당에 초대하는 마음이 보통이 아니다. 나는 점심을 얻어먹는 것이 좀 미안하고 어색한 마음이 들었다. 그러나 맛있게 은사님과 점심을 할 수 있음이 다행스러웠다. 교수님 역시 건강이 제일이라며 창창한 내일을 위해서 몸을 챙기라고 말씀하신다.

정년 후 시간을 보람되게 보낼 수 있음도 쉬운 일이 아니다. 교수님은 정년 후 지역사회단체에 적극적으로 참여하여 후진들을 돕고 지원해주셨다. 말로는 쉬운 일이나 실제로는 하기 어려운 일이다. 나도 가끔은 정년퇴직 후 할 일에 대하여 구체적인 계획을 체크한다. 물론 지금은 개인사무실에서 청소년 지도단체를 이끌어가고 있어 정년 후에도 계속해서 사회단체를 운영할 생각이다.

인간은 살아 있는 동안 성심을 다해서 열심히 생활하는 것이 제일 중요하다. 자신의 능력을 기다리고 반기는 곳이 있다는 자체가 보람을 잉태하고 있음이다. 이런 곳을 스스로 찾아서 문제를 해결해주는 마음은 아름다운 것이다. 따뜻한 손길을 기다리고 정겨운 말 한마디를 기다리는 사람이 있음은 커다란 행복이다. 나는 종종 어떻게 생활하는 것이 가치 있고 의미 있는 일인가를 깊이 생각한다. 죽음의 순간까지 사회와 남을 위해서 기여하고 희생할 수 있음이 중요하다.

점심 한 끼가 별거 아니지만 여든이 넘은 은사님이 제자를 위로하며 점심을 사셨다는 데에 커다란 의미가 있다. 물론 나도 제자들을 위해서 가끔은 식사도 사며 이야기를 나누고 있으나 더 많은 시간을 이들을 위해서 쓸 계획이다. 항시 타인을 생각하고 위로하며 살아가기란 결코 쉬운 일이 아니다.

앞으로 많은 시간을 고통받고 어려워하는 사람을 위해서 사용하는 선한 사람으로 거듭나기 위한 노력을 더욱 하여야 할 것이다. 자신의 능력과 역량으로 타인을 도와줄 수 있는 마음이 절실함을 오늘 점심 식사를 통하여 생각해본다. 아직 힘이 있고 남을 도와줄 수 있는 여건이 있음을 잊지 말고 최선을 다해갈 것이다. 삭막해지고 이해관계로 맺어지는 냉정한 현실 속에서 교수님의 따뜻하고 아름다운 제자 사랑이 고맙기만 하다. (2011.9.25.)

41. 기쁨을 공유하며

    일상생활 속에서는 크고 작은 일들이 벌어지기 마련이다. '안녕하세요'라는 인사에서부터 차 한 잔 마시며 담소를 나누는 것이 그러하다. 의식과 가치관에 의해서 정립된 사물을 보는 시각을 중심으로 이야기를 하기 마련이다. 이야기의 대부분은 일상생활에서 벌어지는 사사로운 것에서부터 정치 이야기가 주류를 이룬다. 유난히 우리나라 사람들만이 정치 이야기에 관심이 많다.

    물가가 오르는 것부터 시작해서 사회의 모순이 정치의 잘못에 있음을 이야기한다. 세상이 올바르게 서야 올바른 정치인을 뽑아서 선진사회를 만들 수 있다고 한다. 모든 사람의 모범이 되고 지도자가 되어야 할 정치인이 너무 탈선하고 위법한 행동을 자행한다. 이제 우리도 선진국처럼 일상의 사는 이야기와 취미생활을 이야기하고 정치 이야기는 그만두는 것이 현명한 것 같다.

    일상의 취미생활은 관찰과 관심에 따라서 할 이야기가 많아진다. 야생화를 채집하거나 사진을 촬영하는 취미생활 과정에서 벌어지는 이야기를 재미있게 나누면 될 것이다. 젊은이들은 직장생활에서 분주하게 하루를 보내지만 노부부들은 아침을 맞이하면서 하루를 어떻게 보낼 것인가를 생각하며 대부분 무료하게 시간을 보낸다. 주로 지나간 일에 대하여 이야기하며 아쉬워하고 그리워한다. 앞날의 계획이나 바람보다는 지난 일에 대한 아쉬움과 그리움으로 몸살을 앓게 된다.

취미가 같을 경우에는 함께 취미를 즐길 수 있지만 그렇지 못할 경우 일상을 보내기가 만만하지 않다. 그저 멍하니 앉아서 상상을 하면서 시간을 보내기 마련이다. 일상적인 시간운용을 합리적이고 보람과 가치를 창출할 수 있게 활용되어야 바람직하다. 자신에게 주어진 일을 충실하게 다하고 남는 여력을 활용하여 자원봉사활동을 하는 것이 좋다.

자신이 뜻한 바대로 바람직한 삶을 살아간다는 것은 녹록치 않은 일이므로 많은 노력이 필요하다. 자신의 현 위치를 긍정적으로 받아들이고 성실하게 살아가는 자세가 필수적이다. 독서가 취미인 사람은 책 읽기에, 작물을 재배하는 취미를 가진 사람은 농사일을 열심히 하여야 한다. 자기실현의 일들과 보람을 느낄 수 있는 일은 재미있고 기쁨을 주기 마련이다. 일과 일상생활을 통해서 찾아내는 즐거움이 이어질 때에 삶 자체가 행복하게 된다.

자신이 기쁘게 선택한 일을 수행할 때에 기쁨을 만끽할 수 있다. 선승은 깊은 산속 선방에서 참선을 통해서 도를 닦는다. 수많은 고행을 거치면서 삶의 진리를 깨닫는 생활을 기쁨으로 승화시켜간다.

같은 사물을 어떻게 보고 어떻게 생각하느냐에 따라서 행동이 달라지기 마련이다. 마음속에 물욕을 버리고 현재 자신의 역할에 대하여 감사할 줄 알아야 한다. 그 많은 일들 중에서 사회구성원 모두가 기뻐하고 축하해줄 수 있는 말만을 전하면서 보람되게 살아가려는 노력이 필요하다. 세심한 관찰력을 갖고서 남들이 보지 못하고 사사롭게 넘기는 문제까지도 깊이 생각해서 항상 얼굴에는 미소를 띠고 기쁨을 나눠가는 삶은 행복하다.

조그만 일에도 감사함을 느끼며 고맙다고 말할 줄 아는 사람이 되어야 한다. 종종 세상 사람들은 엄청난 혜택을 보고서도 고마워할 줄 모르는 사람들이 많다. 황량한 마음을 버리고 감사와 사랑으로 가득한 자세로 살아가야 한다. 삶 자체가 기쁨과 감사함으로 이루어지는 시간이 되도록 노력할 때에 행복해진다.

후회 없는 아름다운 생활을 꾸려가는 슬기로움을 갖고 보람되게 살아가는 것이 중요하다. 꽃을 가꾸며 이웃을 위해서 작은 선행을 하면서 기쁘고 즐겁게 생활해가는 사람들을 볼 때에 행복함을 찾을 수 있다. 큰 신세를 지고서도 아무렇지 않다는 표정으로 상대방을 보아서는 곤란하다.

자신은 남에게 베풀지 않고 신세만 지면서 고마움을 느끼지 못하는 사람이 많다. 설령 고마움을 느껴도 바로 잊어버린다. 조그만 편의와 고마움은 잊지 말고 항상 감사하는 마음을 갖고 살아가야 한다. 마음 깊이 남을 위해서 기쁜 마음으로 도와주려는 자세가 중요하다. 범사에 감사하며 키워가는 작은 꿈은 희망의 세계를 건설할 수 있다.

작은 일에도 성취감과 보람을 느끼며 생활해갈 때에 지속적 활동을 할 수 있도록 도와주어야 한다. 어린아이가 보호자에 순종하며 옳은 일을 할 때에 칭찬해주면 이것이 반복적으로 습관화되기 마련이다. 좋은 생각을 하면서 타인과 사회를 위해서 성실하게 살아가는 이웃을 웃으며 맞이하는 최소한의 여유를 갖고 살아야 한다. 사람들이 조금만 생각이 바뀌고 행동하면 사회는 아름다워질 수 있다.

길을 걷다가 길섶에 핀 구절초를 보고 향기를 맡으며 기뻐하는 사람이 참으로 행복해 보인다며 정다운 이야기를 자연스럽게 나눌 수 있어야 한다. 마음에 여유를 바로 표현하고 배려할 수 있는 사람은 행복하기 마련이다. 기쁨과 친절로 가득한 자신의 마음을 주변사람에게 나누어주는 여유 있고 아름다운 삶을 살아가자.

기쁜 마음은 순수하고 아름다움 속에서 커가기 마련이다. 사랑하는 사람끼리 항상 기쁨을 공유하며 즐거움을 함께함이 행복이다. 일상 속에서 행복을 찾아 생활하는 지혜의 축복을 만끽하여야 한다. 평소에 보지 못하던 사사로운 것에 관심을 가질 때에 행복을 찾을 수 있다. 매사를 긍정적으로 보고 가능성을 기대하며 기쁨으로 노력하여야 한다. (2011.10.3.)

42. 백제문화제

　유유히 흐르는 금강은 옛이야기를 노래하듯 부질없이 흘러간다. 맑은 물의 유연한 흐름은 예나 지금이나 변함없어 보인다. 강물은 흘러가고 고기들은 물결을 거슬러 올라간다. 옛날에 금강에서 고기잡이를 하던 어부의 고달픈 삶이 그려지기도 한다. 끼니마저 해결할 수 없었던 빈곤한 시대에 금강의 고기를 잡아서 삶을 꾸려갔다.

　앞산의 울창한 숲 속에는 철따라 산새들이 지저귀는 보금자리다. 소나무와 참나무가 주류를 이룬 숲 속에는 많은 산새들이 지저귀며 살아간다. 언제 들어봐도 정겨운 새소리는 시대를 잘 즐겁게 노래하는 것 같다. 푸른 하늘의 흰 구름을 벗 삼아서 산새들이 즐기고 있다. 푸른 강물이 쉬지 않고 흐르며 역사의 아픔과 기쁨을 아는 듯 유연하게 흐를 뿐이다.

　평화의 시대를 갈구했고 북벌의 야욕을 키워왔으며 망국의 고통을 감내하며 살아온 백제인이다. 이들의 한 많은 세월을 가히 짐작할 수 있을까. 역사의 아픔은 흐르는 시간 속에서 잠자고 있을 뿐이다. 역사의 잠을 깨워서 올바른 시대상황과 사실을 기록하여야 한다. 강 언덕에는 하얀 꽃을 피운 구절초가 구름처럼 피어나서 향기를 내뿜으며 가을철을 아름답게 해주는 데 일조하고 있음이 다행스럽다.

수확의 계절이 다가오면서 각 지역에서 축제가 한창이다. 가을에는 지자체마다 축제를 벌이고 주민들을 홍겹게 해준다. 공주의 들녘에도 풍년의 노래 소리가 힘차게 들려온다. 제57회 백제문화제가 공주와 부여에서 9일간의 일정으로 거행되었다. 1400년 전 찬란하고 화려했던 역사 속의 축제를 살리고 싶어 하는 지역주민의 소망을 이루었다. 옛 백제인은 금강을 거닐면서 사랑을 나누며 아름다운 노래를 불렀을 것이다.

지난 세월을 반추하면서 흐르는 강물을 저녁놀과 함께할 수 있음이 더욱 행복하다. 금강 물은 변함없이 흐르는데 수많은 사람들의 발자취를 찾기가 쉽지 않다. 이번 백제문화제는 예산도 지난해보다 1/5로 줄고, 행사 기간도 9일로 짧은 기간이었다. 그런데 관람객이 많이 와서 나름대로 축제를 성공적으로 진행하였다. 내용이 알차고 백제의 역사와 문화를 소재로 한 한국의 대표적인 역사문화축제로 발돋움하고 있다. 황금연휴 동안의 관람객이 59만 9,806명에 달하는 성황을 이뤘다. 수많은 사람들이 백제의 역사를 생각할 수 있는 계기가 된 것은 다행이다.

평일에도 방문한 평균 관람객의 수는 10만 명을 웃돌았다고 한다. 외국인 관람객도 2만5,000명에 이르고 있다. 관람을 통해서 옛 백제의 역사를 이해하고 후손들이 행복하게 살고 있는 공주를 이해할 수 있었으면 좋겠다. 공산성과 금강을 무대배경으로 연출기획부터 발상의 전환이 관람객의 호감을 사기에 충분했다라고 할 수 있다.

백제문화상품전국공모전(204개 작품), 국제창작무용경연대회(외국인 9팀 포함 41개 팀), 전국고교학생백일장(800명) 대회 등 경연 프로그램이 자립·참여형 축제로의 새로운 가능성을 제시했다. 일반 시민들의 많은 참여와 열띤 경연을 보여준 참여형 축제라고 할 수 있다. 지역사회주민들의 깊은 관심 속에 참여가 축제분위기를 만들고 외지의 참여자가 기쁨을 체험하는 축제이어야 한다.

백제유적지구의 유네스코 세계문화유산 등재 캠페인, 유네스코 세계문화유산인 매사냥 시연 등으로 프로그램을 개선하기 위한 노력이 절실하다. 장기적인 관점에서 주민 및 관람객이 적극적이고 능동적으로 참여할 수 있어야 한다.

백제문화제는 짧은 시간 동안 체험을 통한 새로운 긍정적인 효과를 만들어냈다고 할 수 있을 만큼 관람객이 붐볐다. 그러나 백제문화 콘텐츠를 산업화함을 마케팅으로 연결시키는 점에서는 아직 많은 성장을 필요로 하는 부족한 실정이다. 화려했던 백제의 옛 문화를 되살리고 대중국관광객 유치를 위한 프로그램을 조속히 개발하여야 한다.

중국인들이 백제의 생활을 직접 체험해 보는 등 그 시대상을 몸소 느낄 수 있는 역사교육프로그램도 곁들여져야 한다. 유유히 흐르는 금강 물처럼 역사를 체험할 수 있는 축제가 되어야 한다. 어린 시절의 추억을 되새길 수 있으며 1,400년의 역사숨결을 들을 수 있는 축제가 그립다. 백제의 옛 궁궐이며 전각도 찾아서 복원하는 일을 서둘러야 한다. 한 많은 백제의 역사를 복원과 기록을 통해서 돌이켜볼 수 있어야 한다. 조상들의 한을 풀어줄 수 있는 사실적인 역사의 기록이 중요하다. 이 일에 오늘을 사는 사람들은 관심과 지혜를 모아야 한다. 주민들의 문화적 감각과 재주를 반추해볼 필요가 있다. (2011.10.10.)

43. 자연 사랑

　자연환경의 파괴가 날로 심화되고 있어 마음이 아프다. 깨끗하고 아름다운 자연을 가꾸면서 그 속에서 인간이 살아가기를 갈망하나 현실은 그렇지 못하다. 넘쳐나는 생활쓰레기서부터 유조선의 사고로 인한 원유 유출과 쓰레기 투여로 몸살을 앓고 있는 바다까지 오염 정도가 도를 넘고 있다. 우주의 인공위성쓰레기부터 일회용 컵과 화장지에 이르기까지 온 천지가 쓰레기로 넘쳐난다. 만연된 쓰레기 양산은 생활환경을 오염시키므로 사람들의 절제와 주의가 절실하다.

　공장과 자동차에서 품어내는 매연은 인간의 건강을 위협하고 있는 실정으로 각별한 주의가 요구된다. 수많은 등산로 또한 산을 훼손시켜가고 있다. 등산객들로 인한 나무와 돌 등의 자연경관 훼손도 심각하다. 산의 나무가 잘 자라나고 짐승들이 자유롭게 성장해갈 수 있도록 보호해주어야 한다. 동일본 대지진으로 인한 후쿠시마 원자력발전소 폭발사고의 여파로 지금 이 순간도 바다를 심각하게 오염시키고 있다. 바다의 오염은 물고기를 기형으로 만들고 인간의 삶을 위협하게 된다. 반자연적인 요소로 가득한 현대 문명은 대자연으로 원상복귀하려는 인류의 노력을 절실히 바라고 있다. 인간의 생활과 에너지

시스템 등 모든 분야에 오염과 파괴가 도사리고 있으며 정도가 심화되어가고 있다.

하루라도 자연을 오염시키거나 파괴하지 않으면 살기 어려운 현실이다. 오염을 줄일 수 있는 다양한 방법을 찾아서 실천해가야 한다. 오염이 적은 핵융합은 물론 수소전지 등 수소를 이용한 에너지 연구와 생산에 총력을 기울이는 일이 중요하다. 오염을 양산시키는 인위적인 요소를 자제하고 대자연의 흐름대로 생활해가려는 자세로 살아가야 한다.

자연 상태를 유지하기 위해서 변화의 원리를 막지 말고 흐름에 따르는 것이 좋다. 자연보호정책은 시대에 따른 근시안적인 정책을 탈피하여 적어도 수십 년의 미래를 생각하며 추진해가야 한다. 정책자체가 비인위적인 자연의 섭리를 따르는 것이 훼손을 막고 보호하는 합당한 방법이다.

인기위주의 정책과 근시안적인 국토개발정책이 결국은 아름다운 자연을 훼손시키게 된다. 생산시설을 건설하여 소득을 올린다는 미명 아래 국토를 많이 훼손시켜왔다. 한 번 자연을 훼손시키면 원상복귀가 어렵기 때문에 가볍한 주의가 요구된다. 지속적인 산림과 자연보호정책을 펼쳐가야 한다.

우리나라의 경우 1970년대 인위적인 출산 억제 정책을 추진하면서 당시 높은 출산율을 두고 미개인과 후진성이라며 스스로 폄하했던 풍조는 저출산 국가라는 당면문제를 야기했다. 지금은 출산율이 너무 저조해서 다출산자에 대하여 각종특혜를 주며 출산장려정책을 펴고 있으나 문제해결이 용이하지 않다. 물론 중국은 지나친 인구 억제정책으로 출산을 막고 있다. 남아선호사상을 변화시키면 중국도 인구 억제정책에 커다란 변화를 가져올 수 있으나 쉽지 않은 일이다.

우리가 먹고 쓰는 모든 자원은 자연에서 가져오기 때문에 자연이 청결하게 보호되고 아름다워야 할 이유다. 근시안적이며 인위적인 정책의 업보를 지양하고 대자연 속에서 미래의 삶을 생각하여야 한다. 자연의 흐름에 맡기면 자연적인 원소들은 저절로 수급되고 완급이 조절된다. 인간이 지나치게 자연을 훼손하고 오염시키면 반자연적 현상이 생겨서 결국은 인간이 피해를 보게 된다.

대자연을 보호하면서 인간의 문명발달을 생각하면서 현명하게 살아가는 방안을 실천해가야 한다. 인간의 편리를 위한 과학기술의 발달이 자연을 오염시키고 훼손시켜가기 마련이다. 전 세계적으로 발생하고 있는 지진, 홍수, 가뭄, 태풍, 해빙 등 거대한 자연의 움직임에 깊은 관심을 가져야 할 때다.

아름다운 산하를 즐기면서 청결한 환경에서 살아가려는 인간의 노력은 이루어져야 한다. 자연은 인간의 심성을 정화시켜줌은 물론이고 세상을 아름답게 해준다. 돌 하나 풀 한 포기에도 관심을 갖고 사랑할 때에 대자연은 보존되며 인간에게 행복할 수 있는 터전을 제공해준다. 대자연에 대하여 항상 감사하며 보호하려는 마음을 가져야 한다.

풀 한 포기, 흙 한 줌에도 애정을 갖고 아끼는 마음을 가져야 한다. 일상 속에서 자연을 아끼고 지키려는 마음을 갖고 살아가야 한다. 아직도 달리는 차창 너머로 담뱃재를 버리거나 가래침을 뱉는 몰상식한 사람들 많다. 이들에게 사회제재를 강하게 가하여야 한다. 산을 오르거나 길을 걸을 때에도 대자연의 혜택을 생각하며 아끼고 사랑하는 마음을 가져야 한다. 사회구성원 모두가 자연을 사랑하는 마음으로 환경을 아끼고 정비해갈 때에 세상은 아름다워진다. (2011.10.17.)

44. 사랑은 베푸는 것

　사랑은 남에게 베풀고 실천할 때에 의미가 있다. 자신의 마음을 주고 몸을 써서 도와주어야 한다. 영혼이 깨끗한 사람만이 진정으로 모든 사람을 사랑하고 도와줄 수 있다. 여건이 좋지 않아서 남의 도움을 받아야 할 사람을 우선적으로 적극 도와주어야 한다. 도움을 계기로 자립하거나 행복한 삶을 영위해갈 수 있을 때에 느끼는 보람과 기쁨은 표현하기 어렵다. 조건 없이 도움을 받는 사람은 고맙고 감사함을 느끼기 마련이다. 마음 깊이 간직되는 감사함은 일상의 작은 일을 성실하고 충직하게 수행하도록 해준다. 어떠한 작은 일이라도 남에게 피해를 주어서는 안 되며 반드시 필요에 의해서 도움을 주어야 한다.

　서로 돕고 살아가는 세상은 행복하고 즐거워지기 마련이다. 선하고 아름다운 마음을 갖고 작은 일에서부터 남을 도와주는 일을 솔선수범하여야 한다. 우리 주위를 살펴보면 외롭고 힘들어 죽음을 생각하는 사람들이 있다. 이들에게 다정한 친구가 되어 이야기를 들어주고 정을 나누며 위로해주어야 한다. 정이 그리운 사람에게는 사람의 체온을 느낄 수 있도록 보듬어주며 사랑을 베풀어주어야 한다.

　내일의 희망을 꿈꾸면서 최선을 다해서 열심히 살아가는 마음을 갖도록 돌봐주는 일이 우선이다. 절망과 포기에서 벗어나서 새 힘을 가질 수 있는 자세를 갖도록 해주고, 늘 희망을 잃지 않고 최선을 다해서 땀 흘리며 노력하는 사람이 되도록 격려의 말과 희망을 주어야한다. 가슴이 벅차오르는 미래의 꿈을 실천해갈 때에 건강도 유지할 수 있다. 규칙적인 생활 속에 새로운 꿈을 꾸면서 성실하게 살아가는 자세를 가져야 한다.

삶에 대한 존재적 가치를 주고 자각하며 자신의 소망을 향해서 성실하게 살아가려 노력하는 일이 중요하다. 인간에게는 소망이 있어야 설렘의 꿈을 키울 수 있고 긍정적인 생활을 해갈 수 있다. 작은 소망이라도 당사자에게는 매우 소중함을 잊지 말아야 한다.

이웃을 진정으로 사랑하며 도움을 주는 아름다움은 기쁨을 가져다 준다. 사랑은 실천이 수반될 때에 이루어진다. 마음과 생각에 머무는 것이 아니라 사랑은 베푸는 것이라고 말한다. 한 끼 먹을 음식에서부터 차 한 잔에 이르기까지 서로 나누며 함께하는 마음이 중요하다. 진정한 마음이 담긴 나눔은 베푸는 것이라는 인식을 갖고 필요한 사람을 찾아서 기쁘게 서로 나누고 이야기하는 사회를 만들어가야 한다.

베풂은 나누어주고 상대방의 소망이 이루어지길 바라며 노력하는 선행이다. 고통받고 있는 모든 사람에게 베풂을 통해서 그들을 위로하고 희망을 줄 수 있어야 한다. 사랑과 존중의 마음으로 가득할 때에 베풂은 성공적으로 이루어질 수 있다. 남에게 베푸는 일은 어떠한 조건이 수반되어서는 안 된다. 순수하게 인간을 사랑하는 마음에서 비롯해서 따뜻한 인정을 실천하려는 의지를 갖고 실천해갈 때에 가능하다. 아무 바람 없이 그저 좋아서 상대방을 진정으로 위해서 행하는 모습이다. 밥이 필요한 사람에게는 밥을 주고 돈이 절실한 사람에게는 돈을 주어야 한다. 갈등과 번민으로 고통받는 사람에게는 의식과 가치를 변화시켜서 통합과 화해의 방법을 찾아야 한다. 사랑과 베풂으로써 아름답고 살기 좋은 사회를 만들어가야 한다. 이웃 간에 넘치는 사랑을 실천하고 모든 사람에게 베풀려는 마음을 가질 때에 아름다운 세상이 이루어진다. (2011.10.20.)

45. 농작물 수확

　우리 집에서 50여 분을 자동차로 달려가면 논산에 있는 주말농장에 다다른다. 30여 년 전 어머니께서 사주신 농장이다. 주말농장을 찾을 때에는 사랑이 각별했던 어머니 생각이 난다. 늘 활동적이시었던 어머니는 부녀회장 등의 직책을 맡아 분주하게 한평생을 사셨다. 자식 사랑이 유난했던 어머니는 자식들이 용돈을 달라고 할 때에 돈이 없으면 이웃집에서 꿔서라도 돈을 마련해 주셨다.

　가족들에게 부족함이 없이 늘 넉넉하게 식사며 의복을 챙겨주시며 7남매를 기르기에 혼신의 노력을 기울이셨다. 공직자인 아버님을 보필하고 집안일은 물론 농사일까지 하셨다. 젊었을 때에 여행 한번 제대로 가지 못하셨다. 가족들의 먹고 입는 문제해결에 고달픈 세월을 보내신 것 같다. 오늘의 주말농장은 내가 30년 전에 어머니께 주말농장을 경영했으면 좋겠다고 하자 넉넉지 않은 살림이셨을 텐데 아들이 원하니 장만해 주셨다. 어머님이 사주신 5백 평가량의 주말농장을 아내가 열심히 가꾸고 있다.

　금년에는 사방 50cm 정도 크기의 땅에 상추를 심었고 10m 길이의 밭 한 줄에 고구마를 심었다. 팥, 녹두, 무, 배추, 호박 등 십여 가지의 농작물을 재배하고 있다. 집사람 혼자서 가꿔가는 것이 힘들어 보이는데, 어쩌다 친구를 가끔 불러 도움을 청하면서 농작물을 재배하는 일이 매우 기쁘다고 한다. 자라나는 농작물을 바라보거나 수확하는 기쁨이 매우 큰가 보다. 집에 오면 피로해하면서도 농장에 가서 일하기를 즐겨 한다. 씨앗 심기, 김매기, 수확하기 등에 땀을 흘리면서 생산의 기쁨을 만끽하고 있다.

항상 여유가 없이 바쁘고 부지런하게 사는 집사람이다. 오늘은 오전에는 교육청에서 할머니들에게 실시하는 문해교육을 지도하고 바로 농장으로 직행하였다. 60대 이상 혹은 80에 가까운 할머니들이 한글을 익혀서 아내에게 고마우신 선생님! 으로 시작하는 편지를 쓰셨는데, 연필로 꾹꾹 눌러쓴 사연은 처음부터 끝까지 고맙다는 인사다. 처음 써보는 편지이기에 할머니도 무한한 감동을 느낀단다. 글을 씀으로써 사람의 생활영역이 넓어지고 많이 편리해짐을 체험할 수 있는 기쁨이 큰가 보다. 뒤늦게 한글을 배워서 시내버스를 자유자재로 탈 수 있는 기쁨이 크다고 한다.

오늘은 주말농장을 강의가 끝나기가 무섭게 찾아갔다. 농장도 이제 겨울준비를 하듯이 무, 배추만 싱그러울 뿐 허전하다. 잎은 시들어 갔으나 잘 익은 호박을 무려 열 통이나 따왔다. 고구마도 한 가마니 정도를 캐왔다. 새빨간 고구마가 먹음직스러워 보인다. 호박과 고구마를 윗집과 앞집은 물론이고 지인들에게 나누어줄 계획이다. 작은 것이지만 자신이 생산한 농산물을 남에게 나누어주는 일이 기쁜 일인가 보다.

자신의 정성과 땀방울이 담긴 농산물을 남에게 주는 마음은 여유가 있고 아름다워 보인다. 농사일을 하는 농민들도 자라나는 농작물의 모습과 열린 곡식을 보고 즐거워함을 이해할 것 같다. 나는 일 년에 한두 번 정도 아내를 따라서 농장에 구경을 오는 정도이다. 아내는 농사를 짓는 사람에게 전화로 물어보고 인터넷을 통해서 영농기술과 정보를 얻어낸다. 인터넷에 명시된 영농방법과 기술을 대부분 응용하고 있다.

난생처음으로 재배하는 농사짓기가 재미있는 것으로 보아 아마 전생에 농부였을지도 모른다고 생각하며 웃어본다. 농장에서 허리 굽혀일하기가 힘들고 어려워도 힘든 내색을 단 한 번 하지 않는다. 농장에 갔다 오면 항상 웃는 얼굴로 그날 농장에서 일한 내용과 작물들의 모습에 대하여 재미있게 이야기를 한다. 배추가 어떻게 자라나고 무가 커가는 모습 등을 리얼하게 이야기한다.

세상만사가 농장에서 자라나는 농작물처럼 변화무쌍하기에 충실히 노력하여야 함을 절감한 것 같다. 충만한 미소 속에 담긴 여유로움이 일상의 행복을 키워주기에 다행스럽다. 아내가 농장일로 인해서 더욱 부지런해지고 기뻐하는 사실이 나를 흐뭇하게 해준다. 집안일을 하고 남는 시간을 이용하여 농사를 짓기가 그렇게 만만하지 않을 터인데 참으로 열심히 부지런하게 일하고 있다. 넘치는 일을 두려워하지 않고 최선을 다하는 노력으로 행복하다고 느끼는 것 같다. 나이 들수록 움직이기 싫어하는 것이 일반적인 현상인데 주말농장에서 열심히 땀 흘리는 아내가 장해 보인다.

금년 농사를 성공적으로 짓기가 무섭게 내년 농사를 계획하고 있다. 금년도의 잘못된 재배기술을 수정하여 새로운 농법으로 농작물을 기를 생각을 한다. 내년 농사를 계획하면서부터 이에 따른 준비를 철저히 하는 아내가 대견스럽다. 사람은 새로운 것에 도전할 때에 기쁨과 보람을 느끼듯이 농사도 이와 같은가 보다.

봄에 씨앗을 심어 푸른 새싹이 돋아나고 무럭무럭 자라날 때에 보고 느끼는 기쁨은 옛날 농부의 마음을 이해할 것 같다. 아침저녁으로 힘들게 땀 흘려 일하면서 무럭무럭 자라나는 작물을 보고 미소 짓고 즐거워하던 농심(農心)을 생각하니 마음이 평화로워진다.

도심에 살면서 맛볼 수 있는 주말농장을 통한 농산물 재배의 기쁨이 우리 집안에 가득하길 바란다. 앞으로는 우리 아들도 함께 주말농장을 찾아가도록 부탁하고 싶다. 한 포기 한 포기의 작물이 자라나면서 튼실하게 열매를 맺어가는 모습은 상상해도 풍요로워진다. 싱그러운 작물이 성장하듯이 아이들의 앞날에 영광과 자신이 넘치기를 빌어본다. (2011.10.23.)

정하성 ────────

충남대학교를 졸업하고 대만 RTI에서 지역사회와 청소년연구를 마친 후 대구대학교 대학원
에서 지역사회학을 전공하여 행정학 박사학위를 취득하였다.
30여 년을 학자와 청소년지도자(사단법인 청소년지도연구원 원장)로 한결같이 활동하고 있다.
국가시험 청소년지도사 1·2·3급 출제위원 겸 검정위원, 국가시험 청소년상담사 1·2·3급 검
정위원이었으며 사단법인 한국청소년학회장을 역임했다.
한양대학교 대학원 외래교수를 거쳐 현재는 평택대학교 청소년복지학과 교수로 재직하고
있다.
『자원봉사활동론』 등 50여 권의 저서가 있다.

바다의 전화

초 판 인 쇄 | 2012년 6월 8일
초 판 발 행 | 2012년 6월 8일

지 은 이 | 정하성
펴 낸 이 | 채종준
펴 낸 곳 | 한국학술정보㈜
주   소 | 경기도 파주시 문발동 파주출판문화정보산업단지 513-5
전   화 | 031) 908-3181(대표)
팩   스 | 031) 908-3189
홈 페 이 지 | http://ebook.kstudy.com
E - m a i l | 출판사업부 publish@kstudy.com
등   록 | 제일산-115호(2000. 6. 19)

ISBN   978-89-268-3440-4 13040 (Paper Book)
          978-89-268-3441-1 18040 (e-Book)